ÉTUDE DES LÉGISLATIONS ÉTRANGÈRES

RÉSUMÉS ANALYTIQUES
DES PRINCIPAUX CODES CIVILS
DE L'EUROPE ET DE L'AMÉRIQUE

I

CODE CIVIL MEXICAIN

PAR

Raoul de la GRASSERIE

Docteur en droit,
Juge au Tribunal civil de Rennes,
Correspondant du Ministère de l'Instruction Publique,
Membre correspondant de l'Académie de Législation de Toulouse,
Membre de la Société de Législation comparée
et de celle de Statistique de Paris,
Membre de la Société des Gens de Lettres.

PARIS

V. GIARD & E. BRIÈRE
LIBRAIRES-ÉDITEURS
16, rue Soufflot, 16

1896

V. GIARD & E. BRIÈRE, Éditeurs, 16, rue Soufflot, Paris.

Du Contrat en faveur de tiers, par LAMBERT (Edouard), *avocat à la Cour d'Appel, docteur en droit*. — Son fonctionnement, ses applications actuelles. Cession de dettes (délégation, cession de portefeuille, cession de bail). Assurance-vie. Assurance-accident. Contrats d'utilité publique. Fondation. 1893, 1 vol. in-8 .... 10 fr.

Traité théorique et pratique de la Liquidation judiciaire, par COURTOIS (B.), *avocat à la Cour d'Appel d'Angers, docteur en droit*. — Commentaire des lois du 4 mars 1889 et du 4 avril 1890. Historique et droit comparé. Travaux préparatoires. Jurisprudence. Examen critique de la liquidation judiciaire. 1894, 1 vol. gr. in-8 .... 7 fr.

Des Droits de l'Époux survivant dans la succession de son conjoint prédécédé, en droit romain et en droit français, par BRUGAIROLLES (Jules), *avocat à la Cour de Paris*. — 1893, 1 vol. in-8 .... 5 fr.

Des Sociétés coopératives de Consommation à l'étranger et en France, par TREMEREL (G.), *docteur en droit, officier d'administration des subsistances, professeur à l'école d'administration militaire de Vincennes*. — Historique. — Application. — Régime légal. — But et avenir de la coopération. 1894, 1 vol. in-8 .... 5 fr.

La Faillite et la Liquidation judiciaire dans les rapports internationaux, par TRAVERS (Maurice), *docteur en droit, avocat à la Cour d'Appel* — 1894, 1 vol. in-8 .... 7 fr.

Code manuel du Propriétaire-Agriculteur, par ZOLLA (M. D.), *lauréat de l'Institut, professeur d'économie rurale et de législation à l'école nationale d'agriculture de Grignon*. — 1894, 1 vol. in-18 .... 3 fr. 50

De la Propriété des Noms et des Titres. — Origine des noms et des titres. — Procédure des changements de noms. — Protection de la propriété des noms et des titres. — Du nom commercial, par G.-A. LALLIER, *docteur en droit, avocat à la Cour d'Appel*. — 1 vol. in-8, 1890. 8 fr.
(Ouv. couronné par la Faculté de droit de Paris et par l'Acad. de lég. de Toulouse.)

Du Rapport des Dettes. — Théorie du prélèvement dans le partage des successions, des sociétés et de la communauté entre époux, par A. DESCHAMPS, *professeur-agrégé à la Faculté de droit de Lille*. — 1 vol. in-8, 1889 .... 7 fr.
(Ouv. couronné par la Faculté de droit de Paris et par l'Acad. de lég. de Toulouse.)

De la Nationalité d'origine. — Droit comparé. — Droit interne. — Droit international, par A. GEOUFFRE DE LAPRADELLE. — 1 vol. in-8, 1893 .... 8 fr.
(Ouvrage couronné par la Faculté de droit de Paris.)

Essai de Législation financière. — Le budget de la France dans le passé et dans le présent, par Emile WORMS, *professeur d'économie politique à la Faculté de droit de Rennes, correspondant de l'Institut*. — 1 fort vol. in-8, 2e édit. 1894 .... 10 fr.
(Ouvrage médaillé par la Société nationale d'Agriculture de France).

Manuel des Transferts et Mutations de rentes sur l'État, contenant une étude historique de la dette publique; les principaux éléments de régularité des certificats de propriété, procurations, formules, libellés, etc., et un recueil des lois, décrets et instructions concernant la matière. — 2e édit. mise à jour et augmentée de nombreuses additions par J. M. GORGES, *ancien sous-directeur de la Dette inscrite au ministère des Finances* et de E. DE BRAY, *chef de bureau au Ministère des Finances*. — 1 vol. in-8, 1891 .... 10 fr.

Exposé élémentaire et critique de la Science des Finances. — Doctrine, histoire, pratique et réforme financières, par Emile WORMS, *professeur d'économie politique à la Faculté de droit de Rennes, correspondant de l'Institut*. — 1 vol. in-8, 1891 .... 7 fr.
(Ouvrage médaillé par la Société nationale d'Agriculture de France.)

La Juridiction administrative dans le Droit constitutionnel. — Etude d'histoire, de législation comparée et de critique. — *Les grandes puissances :* la France, l'Angleterre et les Etats-Unis, l'Allemagne et l'Autriche. — *Les puissances de second ordre :* l'Espagne, l'Italie, la Suisse, la Belgique. — Appréciations théoriques et pratiques sur l'institution d'une juridiction administrative en France, par René JACQUELIN, *professeur agrégé à la Faculté de droit de Lille*. — 1 vol. in-8, 1891. 10 fr.

Les Enfants assistés en France. — Enfants maltraités ou moralement abandonnés (Commentaire de la loi du 24 juillet 1889), par R. LAGRANGE, *docteur en droit, auditeur au Conseil d'Etat*. — 1 vol. in-8, 1892... 4 fr.

CODE CIVIL MEXICAIN

RÉSUMÉS ANALYTIQUES
DES PRINCIPAUX CODES CIVILS
DE L'EUROPE ET DE L'AMÉRIQUE

I

CODE CIVIL MEXICAIN

PAR

Raoul de la GRASSERIE

Docteur en droit,
Juge au Tribunal civil de Rennes,
Correspondant du Ministère de l'Instruction Publique,
Membre correspondant de l'Académie de Législation de Toulouse,
Membre de la Société de Législation comparée
et de celle de Statistique de Paris,
Membre de la Société des Gens de Lettres.

PARIS
V. GIARD & E. BRIÈRE
LIBRAIRES-ÉDITEURS
16, rue Soufflot, 16

1895

AVERTISSEMENT

Nous entreprenons, dans une série de volumes formant collection, de présenter au public savant et à celui qui se livre à la pratique du droit le résumé des principaux Codes civils de l'Europe et de l'Amérique. Il n'est pas besoin de faire ressortir l'utilité de cette publication. Le juriste a besoin d'éclairer l'intelligence de la législation de son propre pays, non seulement par l'étude de l'histoire du droit, mais aussi par celle de sa géographie, autrement dit, par celle de la législation comparée ; sans quoi sa science n'est plus qu'un art purement exégétique ou mécanique. Celui qui se contente d'appliquer la loi se trouve souvent en face de questions de droit international privé qui, pour être résolues, supposent comme base la connaissance des lois en conflit ; en outre, il a besoin de cette connaissance pour régler, suivant la législation des pays étrangers, les affaires que le droit international privé soumet à leurs lois. Enfin, le législateur, plus que tout autre, en ce temps de libre-échange législatif, doit puiser dans le fonds commun des nations les institutions nouvelles qu'il jugera utiles et que son pays pourra s'assimiler, lorsqu'on les aura découvertes pour lui. Les relations internationales ne doivent plus avoir de barrières sur le terrain du droit, tout d'abord au moins sur celui de la science du droit.

Cependant, il en est tout autrement. Les lois étrangères sont, pour la plupart, naturellement rédigées en langues étrangères, ce qui en gêne l'abord : elles supposent, d'ailleurs, pour pouvoir être comprises, même de celui qui sait l'idiome nécessaire, une connaissance générale de tel ou tel droit étranger, qu'il ne peut acquérir sans initiation préalable. Enfin, et il s'agit encore ici d'un obstacle matériel, il est souvent difficile de se procurer certains textes, en particulier, ceux des lois américaines. Si l'on ajoute à ces motifs d'inaction, un manque de curiosité de ce qui se passe à l'étranger, trop commun en France, on comprendra pourquoi la législation étrangère nous échappe encore en grande partie.

La Société de Législation comparée, dont on ne saurait trop louer les efforts, a comblé partiellement ces lacunes, en publiant chaque année les lois nouvelles édictées à l'étranger. Malheureusement, elle n'a point, ce qui est le complément indispensable de son œuvre, fait connaître les textes fondamentaux qui forment les Codes et sur lesquels viennent se greffer les lois postérieures. Sans doute, elle en a traduit quelques-uns, mais quelques-uns seulement, et la plupart restent plongés dans l'ombre d'où il s'agit précisément ici de les tirer.

Dans ce but, nous avions devant nous une double voie. Fallait-il traduire d'une manière intégrale, comme nous l'avons fait ailleurs pour quelques-uns, tous les Codes civils, ou nous contenter d'en présenter au lecteur le résumé fidèle et intégral? Il était possible d'hésiter, et peut-être, si la connaissance du droit étranger avait été très répandue, aurions-nous choisi le premier moyen, quoiqu'un exposé coordonné et où chaque matière peut être mise à sa place soit préférable au défilé d'articles dont la sériation n'est que purement formelle ou tout à fait latente. Mais dans l'état actuel de la science juridique et législative, il est plus pratique de fournir l'essence de chacune des législations inconnues ; le lecteur, qui n'a pas le temps de chercher ni d'étudier, sera bien aise de se trouver en face de dispositions rangées pour lui, tirées d'un cadre qui n'était pas celui de son esprit, et rapprochées de ses habitudes. D'ailleurs, cette concision est nécessaire aussi à l'auteur qui désire placer devant le public le tableau successif, mais complet, des législations étrangères ; il y a pour lui économie de temps, de mots et de frais, et un espoir plus fondé de parvenir à la fin de son entreprise.

C'est, en effet, le résumé, non pas de quelques Codes épars, mais de tous les Codes importants de l'Amérique et de l'Europe que nous offrirons au public, et c'est cet ensemble même qui en constitue l'intérêt. Tous ces Codes se rattachant à une même civilisation. la civilisation européenne, la nôtre, ont entre eux de nombreux points de contact, et aussi des divergences très remarquables. Les premiers doivent nous faire envisager comme possible l'unification de ces législations dans un avenir plus ou moins proche ; il deviendra loisible, en lisant ces pages, de les noter, et d'apercevoir une presque identité qui nous échappait. Les secondes nous mettent sur la voie des améliorations, des solutions législatives nouvelles de chaque question. Enfin, les législations, devenues ainsi synoptiques, se classeront d'elles-mêmes par familles, par époques, et l'on pourra contempler à un point de vue vraiment scientifique la double évolution du droit dans le temps et dans l'espace.

Mais c'est surtout au point de vue pratique, que notre œuvre actuelle pourra être utile, et que nous la recommandons au juriste, au praticien, à tous ceux qui se trouvent habituellement ou accidentellement en rapport avec l'étranger.

Nous commençons notre série par quelques-uns des Codes civils de l'Amérique, comme très curieux et moins connus, comme étant ceux dont l'ignorance embarrasse d'ailleurs davantage quiconque a des affaires à traiter dans ces pays lointains. Les Codes Mexicain, Péruvien, Chilien, Argentin, Canadien, ceux du Guatémala, du Vénézuéla, de l'Uruguay, viendront en première ligne, pour ces motifs et en raison de leur importance.

Raoul DE LA GRASSERIE.

PRÉFACE

Le Code civil Mexicain ne fut pas adopté d'abord par tous les Etats de ce pays, lesquels sont au nombre de vingt-sept, plus deux territoires et un district fédéral, mais seulement par ce district et le territoire de la Basse-Californie, il fut rédigé par une commission composée de D. Mariano Yañez, José Maria Lafragua, D. Isidoro Monteil y Duarte, et D. Rafaël Donde. Il fut sanctionné au Congrès de l'Union le 20 décembre 1870, pour entrer en vigueur le 1ᵉʳ mars 1871. Depuis, il a été adopté par les autres Etats formant la Confédération du Mexique, excepté ceux de Mexico et de Vera-Cruz qui conservent leur Code spécial. Il a subi, le 31 mars 1884, une revision qui a surtout porté sur un point important : l'introduction de la liberté illimitée de tester. En outre, on a retranché de la rédaction nouvelle tout ce qui appartient à la procédure, ce qui l'a considérablement réduite.

Ce n'est point, à proprement parler, un code Mexicain. Le Mexique est une confédération composée de divers Etats parfaitement indépendants et qui n'ont de législation commune qu'en matière fédérale, or le droit civil n'est pas matière fédérale d'après la constitution. Chaque Etat a sa législation propre. C'est exactement le Code du district fédéral et de celui de Basse-Californie, qui a été adopté successivement et librement par les autres Etats et territoires, moins deux.

Il se compose de 38a3 (auparavant 4126) articles et est ainsi un des plus étendus des Codes civils existants; il contient, outre un titre préliminaire sur les lois en général, leurs effets et leur application, quatre livres qui traitent : 1° des personnes; 2° de la propriété; 3" des contrats; 4° des successions testamentaires et ab intestat.

Le premier livre, *des personnes*, contient les titres suivants; 1" des mexicains et des étrangers; 2° du domicile ; 3° des personnes morales ; 4° des actes de l'état civil ; 5° du mariage; 6° de la paternité et de la filiation ; 7° de la minorité ; 8° de la puissance paternelle ; 9° de la tutelle ; 10° de la curatelle ; 11" de l'émancipation et de la majorité; 12° de l'absence.

Le livre second, *des biens, de la propriété et de ses modifications* comprend les titres suivants : 1° dispositions préliminaires; 2° de la division des biens; 3° de la propriété ; 4° de la possession ; 5° de l'usufruit, de l'usage et de l'habitation ; 6° des servitudes ; 7° de la prescription; 8° du travail.

Le livre troisième, *des contrats*, comprend les titres suivants : 1° des contrats en général; 2° des diverses espèces d'obligations ; 3° de l'exécution des contrats; 4° de l'extinction des obligations; 5° de leur rescision et de leur nullité; 6° du cautionnement ; 7° du gage et de l'antichrèse; 8° de l'hypothèque; 9° du rang entre les créanciers ; 10° du contrat de mariage quant aux biens ;

11° du contrat de société ; 12 du mandat ; 13° du contrat du travail, ou de la prestation de services ; 14° du dépôt ; 15° des donations ; 16° du prêt ; 17° des contrats aléatoires ; 18° de la vente ; 19° de l'échange ; 20° du bail ; 21° du bail à cens ; 22° des transactions ; 23° du registre public.

Le livre quatrième *des successions* contient les titres suivants : 1° dispositions préliminaires; 2° de la succession testamentaire; 3° de la forme des testaments; 4° de la succession légitime; 5° dispositions communes à la succession ab intestat et à la succession testamentaire.

Ce Code comprend certains sujets qui ne sont pas traités par le nôtre, ou qui n'y font pas l'objet de chapitres spéciaux ; la *possession*, le *travail*, titre qui renferme ce qui a trait à la propriété littéraire, dramatique et artistique. La division générale diffère de celle de notre Code en ce que ce dernier comprend illogiquement les successions dans le même livre que les donations, les divers contrats et la prescription, tandis que le Code Mexicain fait avec raison des successions un titre spécial et comprend la prescription acquisitive dans le livre de la propriété et des biens. Mais c'est à tort qu'il classe l'hypothèque parmi les contrats; sans doute, c'est l'objet d'un contrat spécial, mais elle constitue d'abord un droit réel, qui doit se placer sous la rubrique de la propriété. C'est à tort aussi, au point de vue scientifique, que, comme dans notre Code d'ailleurs, le mariage quant à la personne et le mariage quant aux biens sont séparés.

En ce qui concerne le fond, le Code mexicain renferme des dispositions nouvelles pour nous et importantes, soit par les principes, soit par leurs déductions. Il a été rédigé avec une grande critique et a fait passer dans son texte ce qui a été jugé utile après un consciencieux triage, fait non seulement dans les textes antérieurs ou contemporains, mais aussi dans des décisions de jurisprudence qu'il a converties en décisions législatives. C'est dire que ses règles sont très détaillées, s'efforcent de prévoir tous les cas et laissent peu de prise à la controverse; c'est ainsi que, quand il s'agit de fixer l'ordre successoral, le législateur croit devoir donner de nombreux exemples et même dresser l'arbre généalogique; les articles, quoique souvent un peu longs, sont rédigés avec la grande clarté qu'apporte l'esprit des peuples latins. Partout on a pris un vrai souci d'une justice distributive aussi complète que possible, d'une attentive équité, d'une réglementation intégrale, sans cependant chercher à gêner la liberté ou l'essor de l'individu. Dérivé à la fois de la loi française et de la loi espagnole, ce Code très médité, savant et conscient porte le cachet de sa double origine, cherche à en conserver les qualités, en en écartant les défauts montrés par l'expérience; il est animé d'un esprit progressiste et pratique et pénétré de la science juridique contemporaine.

L'évolution accomplie entre les deux rédactions du Code mexicain est très remarquable. L'établissement d'une réserve considérable au profit de l'héritier du sang a fait place à la liberté illimitée de tester, cependant des traces de l'ancien système se sont conservées dans le droit à une pension alimentaire conféré à certains héritiers. Cette transformation a entraîné l'abolition du rapport dans les successions. Nous avons cru utile de placer l'état ancien à côté de l'état nouveau pour que le lecteur puisse en mesurer la distance. Le nouveau texte a supprimé la *restitutio in integrum* : il est plus favorable à la liberté et à la sécurité des conventions.

L'analyse que nous en présentons, conformément au programme ci-dessus, a été rédigée avec toute la condensation possible, compatible avec la clarté, mais renferme, sans prétérition aucune, tout ce qui est contenu dans le texte.

CODE CIVIL MEXICAIN

TITRE PRÉLIMIMAIRE

—

DE LA LOI, DE SES EFFETS,
DES RÈGLES
GÉNÉRALES POUR SON APPLICATION

Ce titre contient des dispositions importantes, surtout celles de droit international privé.

Les lois et règlements sont obligatoires et ont effet du jour de leur promulgation, cependant le législateur peut fixer une époque postérieure. Il y a promulgation pour les lieux autres que celui où elle se fait seulement après l'expiration d'un jour par vingt kilomètres de distance; s'il y a une fraction excédant la moitié, on compte un jour entier.

Aucun acte législatif n'a un effet rétroactif. On ne peut renoncer aux lois prohibitives ou à celles d'intérêt public. Un usage ne peut abroger une loi. A moins de dispositions contraires, en cas de conflit entre des lois différentes, celui qui lutte de *lucro captando* doit céder à celui qui lutte *de damno vitando*. On ne peut invoquer l'ignorance de la loi.

Les principes du droit international privé sont les

suivants : 1° les lois relatives à l'état et à la capacité suivent les Mexicains, même à l'étranger, pour les actes qui doivent s'exécuter en tout ou en partie au Mexique ; 2° les lois mexicaines régissent tous les immeubles sis en ce pays ; 3° la maxime *locus regit actum*, règle la forme des actes passés à l'étranger ; cependant les Mexicains ou les étrangers peuvent suivre les lois mexicaines lorsque ces actes doivent s'exécuter au Mexique ; 4° les obligations et droits nés de contrats ou de testaments passés à l'étranger par des Mexicains seront régis par la loi du Mexique, lorsqu'ils devront s'y exécuter ; s'il s'agit d'un acte passé par un étranger et qui doit être exécuté au Mexique, l'étranger pourra choisir la loi à laquelle il sera soumis, en ce qui concerne les meubles. Toutes les fois que la loi étrangère doit être appliquée, on doit en prouver la teneur.

LIVRE PREMIER

DES PERSONNES

Ce livre comprend les titres suivants : 1° des mexicains et des étrangers : 2° du domicile : 3° des personnes morales : 4° des actes de l'état civil : 5° du mariage : 6° de la paternité et de la filiation : 7° de la minorité : 8° de la puissance paternelle : 9° de la tutelle ; 10° de la curatelle : 11° de l'émancipation et de la majorité ; 12° de l'absence.

Des Mexicains et des Étrangers. — L'établissement de la nationalité, son changement, sont fixés par les lois constitutionnelles. Sous ce rapport, la Constitution du Mexique a été développée par la loi spéciale du 26 mai 1886 sur les étrangers, qui fixe les conditions nécessaires pour être et rester mexicain et la situation des étrangers. Il est utile d'en faire connaître ici les dispositions. Sont mexicains : 1° ceux qui sont nés sur le territoire national d'un père mexicain, ou d'une mère mexicaine lorsque le père n'est pas légalement connu, de parents inconnus ou de nationalité inconnue ; 2° ceux qui sont nés hors de la République de père mexicain, ou de mère mexicaine le père n'étant pas connu, à condition que le père ou la mère n'aient pas perdu leur nationalité; s'ils l'ont perdue, les enfants sont étrangers, mais à l'âge de 21 ans ils peuvent, sur leur simple déclaration, devenir mexicains ; cette déclaration est passée devant les agents diplomatiques ou consulaires ou au Ministère des Affaires Étrangères ; elle peut être tacite et résulter de ce que, demeurant sur le territoire, on occupe, lors de la majorité, un emploi public ou un service dans l'armée ou dans la garde nationale ; 3° la femme étrangère qui épouse un mexicain, elle conserve sa nationalité même après son veuvage ; 4° ceux qui, nés hors du territoire de la République, mais s'y trouvant fixés en 1821, ont adhéré à l'acte d'indépendance et ont continué à y résider ; 5° les mexicains qui étant nés sur les territoires cédés aux Etats-Unis par les traités des 2 février 1848 et 30 novembre 1843 ont rempli les conditions exigées par ces traités pour conserver la nationalité mexicaine ; 6° ceux qui auront continué à résider sur le territoire appartenant au Guatemala, et les citoyens de cette République qui seront restés sur les terres dépendant du Mexique, conformément au traité du 27 septembre 1882 à condition que ces citoyens se conforment à l'article 5 de ce traité ; 7° ceux qui se font naturaliser.

Sont, au contraire, étrangers : 1° ceux qui sont nés hors du territoire national, qui sont sujets de gouvernements étrangers ou n'ont pas été naturalisés au Mexique ; 2° les enfants de père étranger, ou de mère étrangère et de père inconnu, nés sur le territoire national ; 3° les absents sans permission, ni mission du gouvernement, ni pour cause d'intérêt public, d'établissement de commerce ou d'industrie, qui laisseraient passer dix ans sans demander l'autorisation de prolonger leur absence ; cette autorisation ne pouvant être donnée pour plus de cinq ans chaque fois ; 4° les mexicaines qui épousent des étrangers, même après leur veuvage, cependant depuis cette époque elles peuvent recouvrer leur nationalité en fixant leur résidence sur le territoire de la République et en déclarant à l'officier de l'état civil leur résolution; en outre, en se mariant, elles conservent leur nationalité si, d'après les lois du domicile du mari, elles n'acquièrent pas la sienne; le changement de nationalité de celui-ci, postérieur au mariage, emporte le changement de celle de sa femme et de ses enfants mineurs, tant qu'ils résident dans ce même pays et sauf la restriction ci-dessus ; 5° les mexicains qui se font naturaliser dans d'autres pays ; 6° ceux qui, sans autorisation du gouvernement fédéral, acceptent des fonctions officielles des gouvernements étrangers.

La naturalisation est de trois sortes : celle par le bénéfice de la loi, celle par la volonté de l'homme, celle spéciale.

La naturalisation par le bénéfice de la loi a lieu de plein droit : 1° au profit de l'enfant né sur le territoire mexicain de père étranger, ou de mère étrangère et de père inconnu qui, dans l'année de sa majorité fixée par la loi du pays du père ou de la mère, n'aura pas déclaré devant l'autorité du lieu de sa résidence qu'il suit la nationalité de ses parents; 2° au profit de l'étranger qui épouse une mexicaine.

Celle par la volonté de l'homme a lieu dans les conditions suivantes : l'étranger doit, six mois d'avance, déclarer par écrit son intention à la municipalité du lieu de sa résidence; à l'expiration des six mois, s'il a deux ans de séjour au Mexique, il adresse au juge du district l'offre de prouver qu'il jouit dans son pays de la plénitude de ses droits, qu'il a résidé deux ans au Mexique et a une bonne conduite, qu'il exerce une profession suffisante pour vivre, et qu'il renonce à toute soumission au gouvernement étranger. Si la décision du magistrat est favorable, il la transmet au Ministre qui décide. La résidence est abrégée d'un an pour les étrangers qui servent dans la marine nationale marchande.

La naturalisation spéciale concerne: 1° les colons venus en vertu d'un traité passé avec un autre gouvernement qui a payé leurs frais de transport, ils seront mexicains de plein droit : 2° les étrangers qui sont officiellement au service du gouvernement mexicain; 3° ceux qui acquièrent des biens-fonds au Mexique : 4° les étrangers qui ont des enfants nés au Mexique, à moins qu'ils ne préfèrent rester étrangers, ils déclarent leur option dans l'acte de naissance.

Le changement de nationalité n'a pas d'effet rétroactif.

Sont réputés nés sur le territoire mexicain : 1° ceux qui sont nés à bord des bâtiments nationaux ; 2° les enfants des ministres et fonctionnaires des légations de la République.

La nationalité des personnes morales se détermine par la loi qui en autorise la formation.

Les mexicains et les étrangers domiciliés au Mexique peuvent être actionnés devant les tribunaux mexicains pour les obligations contractées avec des mexicains ou des étrangers au Mexique ou à l'Étranger : ils peuvent l'être, même lorsqu'ils ne résident pas au Mexique, s'ils y possèdent des biens affectés à ces obligations, ou si celles-ci doivent y être exécutées. La loi précitée du 28 mai 1866 règle plus en détail les droits des étrangers en matière civile, ils ne peuvent acquérir de biens-fonds dans une zone de vingt lieues le long des frontières, sans l'autorisation du Ministre des Travaux publics. Le pouvoir exécutif peut les expulser. Ils sont soumis aux mêmes obligations que les sujets mexicains.

DU DOMICILE. — C'est le lieu où une personne demeure habituellement; à défaut, celui où elle a pour ses affaires son principal établissement; à défaut, celui où elle se trouve. Les fonctionnaires publics ont leur domicile au lieu où ils exercent leurs fonctions, et les militaires en service actif, au lieu de garnison : le mineur, chez son père, ou son tuteur; la femme mariée, chez son mari, tant qu'elle n'est pas séparée; les serviteurs, même mineurs, chez leurs maîtres, sauf, s'ils sont mineurs, pour leurs biens, chez leur tuteur; les condamnés, au lieu où ils subissent leur peine, en ce qui concerne leurs relations postérieures à la condamnation; pour les autres, ils conservent leur ancien domicile ; la femme et les enfants des condamnés au confinement qui ne l'ont pas suivi, acquièrent un domicile propre; les citoyens qui appartiennent à la flotte de guerre ont leur domicile là où ils se trouvent; ceux qui sont dans la marine marchande, l'ont au port d'attache du bateau, mais s'ils sont mariés, ils restent domiciliés chez leur femme, et s'ils ont un établissement à terre, ils sont réputés domiciliés pour leurs affaires commerciales à cet établissement, et pour tout le reste au domicile de leur épouse. Les Mexicains qui, sans autorisation du gouvernement, servent sur une flotte de guerre étrangère ou sur un bateau armé en course perdent la nationalité et le domicile mexicains; ceux qui servent dans la marine marchande étrangère conservent leur domicile.

Des Personnes Morales. — Ce sont les sociétés, les corporations créées dans un but d'utilité publique, elles doivent être légalement autorisées, elles comprennent la Nation, les États, les Villes, les corporations d'utilité publique et les sociétés civiles et commerciales.

Des Actes de l'État civil. — Ils comprennent les actes de naissance, ceux de mariage, ceux de décès, ceux de reconnaissance d'enfants naturels, ceux d'émancipation. Il est institué dans chaque État un fonctionnaire préposé aux actes ci-dessus et aussi à ceux de nomination de tuteurs. Le juge de l'état civil tiendra quatre livres : 1° celui de naissance et de reconnaissance ; 2° celui de tutelle et d'émancipation : 3° celui de mariage ; 4° celui de décès ; chacun sera en duplicata. Quand il n'y aura pas de registre, ou que la feuille contenant l'acte aura été lacérée, on pourra faire la preuve par titres ou par témoins. Tous les livres seront visés par l'autorité administrative supérieure. L'exemplaire-original sera déposé tous les ans au greffe du tribunal civil, avec les pièces justificatives. S'il y a des blancs, on devra les biffer ; chaque livre est terminé par une table alphabétique. Ces actes devront porter la date, même celle de l'heure. On peut s'y faire représenter par un mandataire dont l'identité sera certifiée par deux témoins. Ces témoins doivent être majeurs, on donne préférence à ceux qui sont présentés par les parties, même quand ce seraient leurs parents. L'acte doit être lu et signé, si les parties le peuvent : chacune aura le droit de lire l'acte elle-même, et si elle ne sait pas lire, un des témoins désigné par elle le lira et le signera. Si l'acte ne peut être terminé, il sera barré, et on fera signer les intéressés et les témoins. Le faux dans ces actes ou l'insertion d'une clause défendue par la loi seront punis par la destitution du juge. Toute personne peut demander une expédition. Le juge ne pourra passer les actes concernant lui-même, sa femme, ses descendants ou ses ascendants ; les vices ou défauts de l'acte, autres que le faux, n'en entraînent pas la nullité. Tout acte de l'état civil se rapportant à un autre inscrit doit être annoté en marge de celui-ci, et cette mention doit être reportée sur toutes les expéditions à délivrer.

ACTES DE NAISSANCE. — Les déclarations de naissance doivent se faire dans les quinze jours ; on présente l'enfant au juge d'état civil, à défaut, à l'administrateur public local ; la déclaration est faite par le père, à défaut par les médecins, sages-femmes, ou autres personnes ayant assisté à l'accouchement, ou par celles chez qui elle a eu lieu. L'acte fait mention de l'heure et constate le sexe, il indique si l'enfant a été présenté vivant ou mort ; s'il s'agit d'un enfant légitime, on relate les noms et domiciles du père et de la mère, du grand-père et de la grand'mère et de la personne qui a fait la déclaration ; s'il s'agit d'un enfant naturel, on n'inscrit que ceux du père et de la mère, s'ils le demandent ou s'ils ont donné un pouvoir spécial dans ce but. Si le père et la mère ne peuvent se déplacer, le juge doit se rendre chez eux.

Lorsque les parents d'un enfant légitime ne demandent pas qu'on mentionne leurs noms, on inscrira que l'enfant est né de parents inconnus ; s'il s'agit d'un enfant adultérin, on ne pourra inscrire le nom du père ou de la mère mariés, mais on pourra mentionner celui du célibataire : si c'est l'enfant d'une femme mariée vivant avec son mari, on n'inscrira pas le nom d'un père autre que le mari. S'il s'agit d'un enfant incestueux, on ne peut inscrire que le nom de l'un des parents. Toute personne qui trouve un enfant nouveau-né doit le présenter au juge de l'état civil avec les objets l'accompagnant et déclarer toutes les circonstances : il en est de même des directeurs de prisons, hospices, etc. Il est défendu au juge et aux témoins de faire des recherches relativement à la paternité. Si la naissance a lieu à bord d'un navire, les intéressés la font constater par le capitaine ou le patron et par deux témoins, et au premier port national on remet l'acte au juge de l'état civil, ou à l'autorité locale. Si elle arrive pendant un voyage par terre, on fait la déclaration au lieu où l'on se trouve, ou au domicile des parents, et on en remet dans le premier cas une copie au juge de l'état civil du domicile de ceux-ci qui l'inscrit sur son registre, et dans le second la déclaration se fait dans le délai ordinaire, plus un jour par vingt kilomètres. S'il s'agit de la naissance de jumeaux, on doit inscrire toutes les circonstances qui peuvent indiquer la priorité.

ACTES DE RECONNAISSANCE. — Le père et la mère de l'enfant naturel peuvent le reconnaître en faisant inscrire sa naissance, ou seulement depuis.

Dans ce dernier cas, on devra mentionner dans l'acte : 1° si l'enfant est majeur, son consentement ; 2° s'il est mineur, mais s'il a plus de quatorze ans, son consentement et celui de son tuteur : 3° s'il a moins de quatorze ans, le consentement du tuteur. Lorsque la reconnaissance a eu lieu par un autre acte, on présente cet acte à l'officier qui l'inscrit, il n'y a pas de sanction de nullité, mais seulement une amende de 20 à 100 pesetas. On doit mentionner la reconnaissance en marge de l'acte de naissance. La désignation des enfants *espurios* se fera dans l'acte de naissance et aura effet contre ceux dont les noms auront été déclarés par le père ou par la mère.

ACTES DE TUTELLE. — Lorsqu'un tuteur a été nommé et que sa nomination a été rendue publique, il doit dans les soixante-douze heures présenter une copie de sa commission à celui qui tient un registre spécial pour en dresser acte : le curateur devra surveiller l'exécution de cette prescription. Cet acte de tutelle comprendra : 1° les noms et âge de l'incapable ; 2° la classe d'incapacité ; 3° le nom des personnes qui avaient l'incapable sous leur puissance paternelle ; 4° les noms, âge, profession et domicile du tuteur et du curateur : 5° les garanties données par le tuteur, les noms et domicile de la caution ou la désignation des immeubles hypothéqués ; 6° le nom du juge qui a nommé, et la date de la nomination. Cette inscription n'est pas requise à peine de nullité, mais son omission expose le tuteur et le curateur à des dommages-intérêts.

ACTES D'ÉMANCIPATION. — En cas d'émancipation par mariage, il n'en est pas dressé d'acte : le préposé au registre des mariages inscrira sur l'acte de naissance de l'époux que le mariage à telle date l'a émancipé. L'émancipation émanée de la volonté de celui qui exerce la puissance paternelle sera inscrite au registre et en outre mentionnée en marge de l'acte de naissance ; si l'acte de naissance est dans une autre commune, il y aura lieu à renvoi par un juge à l'autre. L'inscription n'est pas prescrite à peine de nullité, mais peut rendre passible de dommages-intérêts.

ACTES DE MARIAGE. — Les actes de mariage sont dressés par le juge de l'état civil du domicile de l'un des futurs époux. Ceux-ci se présentent devant lui et il constate les noms, professions et domiciles des époux et de leurs parents, ceux des témoins, les consentements au mariage, le certificat d'identité, la dispense d'empêchement ; il affiche la note contenant ces renseignements en son prétoire et dans deux autres lieux publics, pendant quinze jours ; si le domicile de l'un des deux époux remonte à moins de six mois, la même publication aura lieu au précédent domicile, lorsque le juge le croit utile ; s'il n'y a pas eu de domicile fixe pendant six mois continus, la publication sera affichée pendant deux mois, au lieu de quinze jours ; l'autorité administrative peut seule dispenser de ces publications ; le cas de péril de mort est une cause suffisante de dispense : à la fin du délai, le juge certifie cette publication et indique s'il y a eu des oppositions, et il envoie le certificat au juge qui doit célébrer le mariage. Si le mariage n'a pas lieu dans les six mois, il faudra répéter les publications. Ce délai de la publication terminé, et trois jours après, on peut passer à la célébration du mariage. S'il survient des oppositions, le juge de l'état civil en dresse acte devant deux témoins, le fait signer par l'opposant et l'envoie au juge de première instance, après en avoir avisé les futurs : le mariage, avant que l'opposition soit vidée par justice, ne peut être célébré, même si l'opposant se désiste. L'opposition peut être formée par toute personne ; si la cause en est fausse, elle expose aux peines du faux témoignage en matière civile, et en tout cas, aux frais. Les oppositions anonymes ne seront valables que si elles sont appuyées sur des indices. Le mariage doit avoir lieu publiquement à l'heure indiquée : les époux peuvent se faire réprésenter par mandataires, ils comparaissent assistés de trois témoins, parents ou non. Le juge reçoit leur consentement et en dresse acte, il déclare les époux unis par le mariage.

ACTES DE DÉCÈS. — Aucune inhumation ne peut avoir lieu sans autorisation écrite délivrée par le juge de l'état civil qui doit s'assurer du décès : elle ne peut être faite que vingt-quatre heures après ce décès. L'acte doit être dressé en présence de deux témoins. Entre autres mentions, il doit relater la qualité de marié ou de célibataire du défunt, les noms de son conjoint, ceux de ses parents, la maladie dont il est mort, le lieu où il sera enseveli, l'heure du décès, les indices de mort violente. Les maitres de la maison où le décès a eu lieu, les hôteliers, les maîtres d'établissements doivent en donner avis au juge dans les vingt-quatre heures. En cas de soupçon de mort violente, le juge de l'état civil avisera l'autorité judiciaire ; de même celle-ci avertira le juge, lorsqu'on trouvera un cadavre dont on ignorera l'identité. En cas d'inondation, naufrage ou incendie, lorsqu'il n'est pas facile de reconnaitre un cadavre, on recevra la déclaration de tous les indices. Si l'on ne trouve pas de cadavre, mais qu'il y ait probabilité qu'une personne est décédée dans ces événements, on recueillera le témoignage de ceux qui l'ont connue. En cas de décès à bord d'un navire, le capitaine ou patron en fera la constatation. Si le décès a lieu hors du domicile, on enverra une copie au juge de ce dernier lieu, qui l'inscrira à la date courante. En cas de mort violente dans les prisons ou par exécution capitale, on ne devra pas relater cette circonstance. L'acte de décès doit être mentionné en marge des actes de naissance et de mariage : cette disposition très utile n'existe pas dans notre droit.

RECTIFICATION DES ACTES DE L'ÉTAT CIVIL. — La rectification d'un acte de l'état civil ne peut se faire qu'en vertu d'un jugement. Il y a lieu à rectification pour faux, lorsque le fait constaté était controuvé, ou à correction lorsqu'un élément est inexact. En cas de demande dans ce but, le juge la fait publier pendant trente jours et tout le monde peut y contredire ; on devra entendre le Ministère public et le juge de l'état civil. Le jugement sera ensuite adressé à celui-ci, qui en fera mention en marge de l'acte rectifié, soit que la rectification ait été accordée, soit qu'elle ait été refusée. La sentence fera pleine foi, même envers ceux qui n'avaient pas pris part à l'instance, à moins que quelqu'un ne prouve qu'il a été absolument empêché d'intervenir. La rectification peut être demandée : 1° par les personnes de l'état desquelles il s'agit ; 2° par celles indiquées dans l'acte comme ayant un état civil connexe ; 3° par leurs héritiers ; 4° par tous ceux qui peuvent réclamer une filiation, comme descendants de celui de l'état duquel il s'agit. Le juge compétent est celui du lieu où l'acte a été passé.

DU MARIAGE. — Le titre du mariage (il s'agit du mariage quant à la personne, et non quant aux biens, le Code mexicain ayant fait entre les deux la même séparation illogique que le droit français) comprend les chapitres suivants : 1° des registres nécessaires pour contracter le mariage ; 2° de la parenté, de ses lignes et degrés ; 3° des droits et des obligations qui naissent du mariage ; 4° des aliments ; 5° du divorce ; 6° des mariages nuls et illicites.

Conditions et Empêchements. — Le Code mexicain admet l'union indissoluble, il ne reconnaît pas les fiançailles obligatoires ; enfin, il établit des fonctionnaires de l'état civil qui doivent procéder à la célébration. Les empêchements au mariage sont : 1° le manque de l'âge prescrit ; 2° le défaut d'autorisation ; 3° la parenté légitime ou naturelle, sans limite en ligne directe, comprenant les frères et les demi-frères en ligne collatérale, et même à moins de dispenses, les oncles et les neveux et tous parents au troisième degré ; 4° l'alliance en ligne directe sans limitation ; 5° l'erreur, surtout sur la personne ; 6° l'attentat contre la vie de l'un des conjoints pour épouser le veuf ou la veuve ; 7° la contrainte grave ; en cas de rapt, la contrainte persistant tant que la femme n'est pas en lieu sûr ; 8° la folie constante et incurable ; 9° un précédent mariage encore subsistant. On ne peut dispenser que de l'âge et de la parenté collatérale en degré inégal. L'âge requis est 14 ans pour les garçons, et 12 ans pour les filles ; mais il faut jusqu'à 21 ans le consentement du père, ou à défaut, suivant une dévolution successive, celui de la mère, même si celle-ci s'est remariée, celui de l'aïeul paternel, celui de l'aïeul maternel, celui de l'aïeule paternelle, celui de l'aïeule maternelle, celui du tuteur, à défaut enfin, celui du juge ; l'ascendant peut jusqu'au dernier moment rétracter son consentement à charge d'en avertir le juge ; s'il meurt avant le mariage, celui dont l'autorisation est requise ensuite peut révoquer. Au contraire, les tuteurs et les juges ne peuvent rétracter leur consentement. Les ascendants n'ont pas le même droit vis-à-vis de l'enfant naturel. Lorsque le refus des parents et autres ne paraît pas raisonnable, l'intéressé peut recourir aux autorités qui peuvent lui donner l'autorisation. Il y a incapacité relative entre le tuteur et son pupille, à moins de dispenses qui ne peuvent être accordées qu'après l'approbation du compte de tutelle. La même prohibition frappe le curateur, ses enfants et ceux du tuteur; en cas d'infraction à cette prescription, le juge nomme d'office un administrateur provisoire. C'est l'autorité administrative supérieure qui délivre les dispenses. Le mariage célébré à l'étranger entre étrangers suivant les règles du pays étranger est valable au Mexique : celui célébré à l'étranger entre un mexicain et une étrangère, ou entre un étranger et une mexicaine sera valable aussi, s'il a été célébré suivant les formes et conditions requises au lieu de la célébration, et si l'on a suivi les prescriptions du Code mexicain relatives aux empêchements, à la capacité et au consentement des ascendants. En cas d'urgence, le ministre ou le consul résident peut suppléer le consentement des ascendants, avec préférence du ministre sur le consul. A défaut et en cas de péril de mort, le mariage sera valable, en établissant ces deux circonstances, qu'il s'agit d'un empêchement pouvant être couvert par une dispense et qu'il en a été donné connaissance au fonctionnaire qui célèbre le mariage. Si, dans ce cas, on se trouve à bord d'un navire, il en sera de même, l'autorisation sera donnée par le capitaine ou le patron. Dans les trois mois du retour au pays de celui qui s'est marié à l'étranger dans ces conditions, l'acte sera transcrit sur le registre de mariage du domicile du conjoint mexicain ; jusqu'à cette transcription, le mariage ne produit pas ses effets civils.

DE LA PARENTÉ ET DU DROIT AUX ALIMENTS. — La parenté se compte à un degré par génération, ou, ce qui revient au même, par personnes, moins l'auteur ; en collatérale, on monte une ligne, puis on redescend l'autre ; c'est le système du droit français. La créance alimentaire est la conséquence de la parenté et de l'alliance dans certaines limites. Cette obligation est toujours réciproque ; elle s'étend aux conjoints. Les père et mère doivent des aliments à leurs enfants ; à défaut, la charge passe aux autres ascendants dans les deux lignes. aux plus proches en degrés ; à défaut, elle incombe aux frères germains ; à défaut, aux utérins ; à défaut, aux frères consanguins. cette dévolution est toute nouvelle pour nous, rien de pareil n'existe en droit français. Mais les frères ne sont obligés à fournir des aliments qu'à leurs frères et sœurs mineurs de 18 ans. Les aliments comprennent la nourriture, le vêtement, l'habitation, et les soins en cas de maladie, et aussi, pour les enfants, l'éducation primaire et professionnelle ; l'obligé peut s'exonérer en servant une rente ou en admettant dans sa famille le créancier d'aliments. Le juge répartit l'obligation entre tous les obligés. Ont qualité pour intenter l'action : 1° le créancier d'aliments lui-même ; 2° celui sous la puissance duquel il se trouve ; 3° le tuteur ; 4° les frères et sœurs ; 5° le ministère public. On peut demander que le droit soit garanti par une hypothèque, une caution ou un cautionnement réel. Si les besoins du créancier sont la conséquence de sa mauvaise conduite, le juge peut diminuer la quantité d'aliments qui lui est due. On ne peut transiger sur ce droit.

DROITS ET OBLIGATIONS NÉS DU MARIAGE. — Les obligations et les droits qui naissent du mariage sont, tout d'abord, ceux qui sont reconnus par toutes les législations, que la raison indique et qu'il est inutile de rappeler. En outre, la femme doit vivre avec son mari et lui obéir; elle lui fournit des aliments, s'il est indigent; elle doit le suivre partout, à moins de clause contraire contenue dans le contrat de mariage; les tribunaux peuvent, cependant, l'en dispenser lorsque le mari va à l'étranger. Le mari est l'administrateur de tous les biens et le représentant légal de sa femme, spécialement en justice, mais il peut lui donner un pouvoir d'ester en justice, et ce pouvoir sert pour tous les procès, à moins de clause contraire. L'incapacité de la femme est la même qu'en droit français; elle ne peut seule, ni acquérir, ni être donataire, ni aliéner, ni s'obliger. En cas de refus d'autorisation ou d'absence du mari, l'autorisation de justice peut suppléer; elle a toujours besoin de celle-ci pour contracter ou plaider lorsqu'ils sont tous les deux mineurs, et pour contracter avec son mari; la femme majeure n'a recours à aucune autorisation quand son mari est interdit ou malade, ou qu'elle a un établissement commercial, ou qu'elle est légalement séparée, ni non plus pour tester, ni pour plaider contre son mari, ni pour comparaître devant la justice répressive. La nullité pour défaut d'autorisation maritale est relative et ne peut être opposée que par le mari, ou par la femme, ou par leurs héritiers ; si le mari a ratifié, l'action s'éteint.

Du Divorce. — Le divorce ne délie pas le lien conjugal, mais suspend seulement quelques-unes des obligations civiles. Les causes de divorce sont : 1° l'adultère de l'un des époux : 2° la proposition du mari de prostituer sa femme, même quand on prouve seulement qu'il a reçu une rémunération pour permettre que quelqu'un ait des relations sexuelles avec elle : 3° l'instigation ou la contrainte exercée par l'un des époux sur l'autre pour commettre un délit ; 4° l'excitation des enfants par l'un des époux à la débauche : 5° l'abandon sans juste cause du domicile conjugal pendant plus de deux ans ; 6° les sévices de l'un des époux sur la personne de l'autre ; 7° la fausse accusation ; 8° le fait que la femme a donné naissance à un enfant conçu avant le mariage et déclaré illégitime par jugement ; 9° le refus de fournir des aliments ; 10° des habitudes invétérées de jeu ou d'ivrognerie : 11° une maladie chronique et incurable, contagieuse et héréditaire, antérieure au mariage et inconnue du conjoint ; 12° l'infraction aux conventions matrimoniales ; 13° le consentement mutuel. L'adultère du mari n'est une cause de divorce que : 1° lorsqu'il a été commis dans la maison commune ; 2° lorsqu'il y a eu concubinage ; 3° lorsqu'il y a eu scandale ou injure publique ; 4° lorsque la complice a maltraité par paroles ou actions. ou qu'à cause d'elle on a maltraité l'épouse légitime. L'excitation ou la tolérance en ce qui concerne les enfants est une cause de divorce, même lorsqu'elles s'appliquent à l'enfant d'un seul des époux ; la tolérance doit consister en actes positifs et non en simples négligences. Lorsque l'un des époux n'a pas réussi dans sa demande en divorce ou lorsqu'il a accusé injustement son conjoint, celui-ci a le droit de demander le divorce à son tour, mais il ne peut le faire qu'au bout de quatre mois à partir du dernier jugement ; pendant ce temps, la femme ne peut être tenue de vivre avec son mari. Lorsque les deux époux conviennent de divorcer quant au lit et à la table, ils ne le peuvent qu'en avisant le juge, et en joignant à la demande un écrit réglant le sort des enfants et l'administration des biens.

Cette séparation ne peut se demander que deux ans depuis la célébration du mariage. La requête prononcée, le juge cite les deux époux et essaie de les réconcilier : s'il ne le peut, il approuve le règlement provisoire et suspend la décision pendant un mois : au bout de ce temps, il fait un second essai de conciliation, puis si cet essai ne réussit pas, il prononce la séparation et approuve, s'il y a lieu, les conventions relatives aux enfants et fixe le temps de la séparation : si au bout de cette période les époux insistent pour le divorce, les délais recommencent. La démence, une maladie contagieuse, n'autorisent pas le divorce, sauf le cas de maladie chronique et incurable et en laissent subsister les autres obligations, mais le juge peut sur requête suspendre alors celle de la cohabitation. Le divorce peut être demandé par l'époux innocent, mais seulement dans l'année depuis qu'il a eu connaissance des faits qui le justifient. La réconciliation met à néant la sentence de divorce : cette réconciliation est présumée en cas de cohabitation nouvelle. L'époux innocent peut renoncer à ses griefs et contraindre l'autre à revenir avec lui, mais alors il ne peut demander de nouveau le divorce pour les anciens faits. Les mesures provisoires qui peuvent précéder la sentence sont les suivantes : 1° la séparation d'habitation ; 2° l'installation de la femme dans une maison convenable et désignée, si elle est défenderesse ; 3° la remise des enfants à l'un des époux ; 4° la provision alimentaire accordée à la femme et aux enfants ; 5° les mesures à prendre pour que le mari ne puisse nuire à la communauté ; 6° celles relatives aux femmes enceintes. Après le divorce prononcé, les enfants sont remis au conjoint non coupable ; si les deux sont coupables et qu'il n'y ait pas d'ascendants, on nomme un tuteur ; l'époux qui aura donné lieu au divorce perdra tous ses droits sur la personne et sur les biens de ses enfants pendant la vie de l'époux innocent, mais il les recouvrera après la mort de celui-ci, dans les cas où la séparation aura été prononcée pour cause d'excitation à un délit, d'abandon, ou de sévices ; dans les autres cas, il sera, à défaut d'ascendant, nommé un tuteur. L'époux coupable perdra aussi tout ce qui lui aura été donné par son conjoint ou par une autre personne en considération de celui-ci, tandis que l'autre conservera ce qui lui aura été donné. Les biens propres font retour à chacun des conjoints, et la femme peut désormais contracter seule et ester en justice, à moins que le divorce n'ait été prononcé contre elle. La femme innocente a droit à des aliments, même divorcée, et quoiqu'elle ait des biens personnels. Si elle est la coupable, le mari conserve l'administration des biens communs et lui donne des aliments, sauf dans le cas d'adultère. La mort d'un des époux pendant l'instance met fin au procès qui ne peut être continué par les héritiers. Les audiences sont toujours à huis-clos ;

le ministère public doit y assister et une copie du jugement est remise à l'état civil et mentionnée en marge de l'acte de mariage.

Des Nullités de Mariage. — Il y a nullité de mariage dans les cas suivants : 1° quand il existe des empêchements de parenté ; 2° quand les publications font défaut, ou qu'il s'est écoulé un temps trop long depuis ; 3° lorsque le mariage n'a pas été célébré avec les formalités voulues ; 4° dans le cas d'impuissance incurable et antérieure au mariage : 5° en cas de défaut de l'autorisation requise des parents. La nullité provenant d'âge prohibé n'a pas lieu lorsqu'il est né des enfants, ou lorsque le mineur a atteint l'âge de 21 ans. Celle par défaut de consentement des ascendants ne peut être invoquée que par l'ascendant lui-même, et dans les trente jours à partir du moment où il a eu connaissance du mariage.

L'action s'éteint par ce laps de trente jours, et lorsque, même pendant cette période, l'ascendant a consenti expressément ou tacitement au mariage, soit en dotant la fille, soit en donnant au fils, soit en recevant chez lui les époux, soit en présentant un enfant comme légitime à l'officier de l'état civil, soit de toute autre manière. La nullité provenant de parenté est couverte si la dispense est obtenue depuis, ou si les deux époux, en connaissance de cause, renouvellent leur consentement par acte passé devant l'officier de l'état civil ; cette nullité peut être invoquée par les époux, les ascendants et même être déclarée d'office. L'erreur sur la personne n'est une cause de nullité que quand elle porte sur l'identité, elle ne peut être invoquée que par le conjoint trompé, et cela immédiatement après la découverte de l'erreur. La contrainte n'entraine la nullité que si elle a causé la crainte d'un danger pour la vie, l'honneur, la liberté ou une partie notable des biens, que si elle a continué jusqu'au mariage et que si elle a été faite au conjoint même ou à la personne qui l'avait sous son pouvoir paternel. Pour toutes ces causes de nullité, l'action du conjoint se prescrit par soixante jours à partir du mariage. L'existence d'un mariage précédent est une cause de nullité, même lorsqu'il y a bonne foi: cette nullité peut être invoquée par le premier conjoint, ses enfants et ses héritiers, et par les conjoints du second mariage; le juge peut lui-même statuer à la requête du Ministère public ou d'office. En cas de nullité pour attentat à la vie d'un précédent époux, cette nullité peut être invoquée par l'époux innocent, les héritiers de l'époux décédé et le ministère public. La possession d'état matrimonial couvre les vices de la célébration. La nullité pour cause d'impuissance ne peut être invoquée que par les conjoints. Si lors de l'instance en nullité au civil il se découvre un délit, le juge civil instruira et prononcera la peine. L'action est intransmissible aux héritiers, à moins qu'elle ne soit déjà intentée. Le jugement de nullité doit être mentionné en marge de l'acte de mariage. Le Code mexicain règle ensuite les effets du mariage putatif; si le mariage nul a été contracté de bonne foi, il produira tous les effets ordinaires ; que si la bonne foi n'existe que d'un côté, il ne les produira qu'au profit des enfants et du conjoint de bonne foi; celle-ci d'ailleurs est toujours présumée. La nullité prononcée, les garçons majeurs de trois ans seront remis à leur père, et les filles à leur mère, en cas de bonne foi :

si celle-ci n'existe que de la part d'un des conjoints, tous les enfants lui seront remis ; quant à ceux de moins de trois ans, ils resteront dans tous les cas sous la garde de leur mère. La femme ne peut se remarier que 300 jours après la dissolution du mariage ou l'époque de la cohabitation. Du mariage nul il faut distinguer le mariage illicite qui n'entraine pas nullité, c'est dire que les empêchements n'étaient que prohibitifs et non dirimants, ils donnent lieu aux peines prononcées par le Code Pénal. On cite les cas suivants : 1° celui où le mariage a eu lieu pendant l'existence d'un empêchement dont on peut obtenir dispense ; 2° celui où le consentement préalable du tuteur n'a pas précédé ; 3° celui où la femme s'est remariée sans observer le délai imposé.

DE LA PATERNITÉ ET DE LA FILIATION. — Ce titre contient les chapitres suivants : 1° des enfants (*hijos*) légitimes ; 2° des preuves de la filiation des enfants légitimes ; 3° de la légitimation ; 4° de la reconnaissance des enfants naturels et de la déclaration des *esparios*.

DE LA FILIATION LÉGITIME. — Les enfants légitimes sont ceux nés plus de 180 jours après la célébration du mariage, ou dans les 300 jours de sa dissolution ; aucune preuve contraire n'est admise contre cette présomption, si ce n'est celle qu'il a été physiquement impossible au mari d'avoir des relations sexuelles avec sa femme dans les premiers 120 jours sur les 300 qui ont précédé la naissance. Le mari ne peut désavouer l'enfant pour cause d'adultère de sa femme, à moins que la naissance ne lui ait été dissimulée ou ne soit arrivée pendant une absence de plus de dix mois. Il pourra aussi désavouer l'enfant né plus de 300 jours après que la séparation pour divorce a été prononcée ou que la séparation provisoire ordonnée dans les instances en divorce ou en nullité a eu lieu ; mais dans ces cas, la femme, l'enfant et son tuteur pourront plaider la légitimité. Le mari ne peut désavouer l'enfant né dans les 180 jours de la célébration du mariage que dans les cas suivants : 1° s'il savait avant le mariage la situation, mais pour l'établir, il faut un commencement de preuve par écrit ; 2° s'il a assisté à la déclaration de la naissance et l'a signée, ou a déclaré ne le savoir ; 3° s'il a reconnu l'enfant ; 4° si cet enfant n'est pas né viable. Les actions relatives à la filiation et à la légitimité de l'enfant né plus de 300 jours après la dissolution du mariage pourront être intentées en tout temps par les parties intéressées. Toutes les fois que le mari pourra contester la légitimité, il devra le faire dans les soixante jours de la naissance, s'il est présent, et du jour de son retour, s'il était absent, ou de celui où il découvre la fraude si on lui a dissimulé la naissance. S'il était en tutelle pour cause de démence, d'imbécillité ou autre analogue, son action peut être exercée par son tuteur ; si celui-ci l'a omise, le mari sorti de tutelle peut l'exercer dans le délai ci-dessus, mais calculé du jour où l'empêchement a cessé ; s'il meurt, muni ou non de tuteur, sans avoir recouvré la raison, ses héritiers peuvent contester la légitimité dans les cas où il eût pu le faire. Hors ces cas, les héritiers du mari ne peuvent contester la légitimité d'un enfant né dans 180 jours de la célébration du mariage, à moins qu'il n'ait commencé le procès ; dans les autres cas, si le mari est décédé pendant le délai qu'il avait pour agir, les héritiers auront un nouveau délai de 60 jours depuis celui où l'enfant aura pris possession des biens ou celui où les héritiers auront été troublés par lui dans leur possession. Si la veuve convole dans la période où cela lui est interdit, la filiation de l'enfant né après le second mariage se déterminera d'après les règles suivantes : l'enfant se rattachera au premier mariage s'il naît dans les 180 jours du décès du premier mari ; on ne pourra infirmer cette règle qu'en prouvant l'impossiblité physique de la cohabitation ; l'enfant se rattache, au contraire, au second mariage s'il est né après les 220 jours de la célébration de celui-ci. Le désaveu d'un enfant se fait par un acte spécial devant le juge compétent, sous peine de nullité. Dans le litige en contestation de légitimité, on entendra la mère et l'enfant, et et si ce dernier est mineur, on devra le pourvoir d'un tuteur intérimaire. L'enfant n'est réputé être né que lorsqu'il est sorti entièrement du sein de sa mère, qu'il a figure humaine et qu'il a vécu vingt-quatre heures. Il est interdit de transiger ou de compromettre sur la légitimité, mais on peut le faire sur les droits pécuniaires qui en résultent.

PREUVE DE LA FILIATION LÉGITIME. — La filiation légitime se prouve par l'acte de naissance et à défaut par la possession d'état d'enfant légitime ; cependant, si l'on conteste le mariage des père et mère, on devra en produire l'acte ; mais, si ceux-ci avaient eux-mêmes la possession d'état d'époux, et que tous les deux soient décédés, ou que pour maladie, ou absence ou autre cause, il leur soit impossible d'indiquer le lieu de leur mariage, on ne pourra contester la légitimité des enfants pour défaut d'acte de naissance, pourvu que ceux-ci aient la possession d'état d'enfant légitime et que l'acte de mariage ne contredise pas cette possession. Si l'enfant a toujours été considéré comme enfant légitime par la famille et la Société, cela suffira pour prouver sa possession d'état d'enfant légitime, pourvu 1° que l'enfant ait toujours pris le nom de son père du consentement de celui-ci ; 2° que le père l'ait traité comme son enfant légitime en pourvoyant à son éducation. Lorsque l'acte de naissance est conforme à la possession actuelle d'état d'enfant légitime, aucune action contraire n'est admise, à moins que le mariage ne soit déclaré nul pour mauvaise foi des deux époux. Si l'acte de naissance a été judiciairement déclaré faux ou s'il contient des omissions dans les noms des père et mère, la filiation peut s'établir par les moyens de preuve de droit commun. Le juge de l'état civil inscrit le jugement rendu et le mentionne en marge de l'acte.

En ce qui concerne la prescription de toutes ces actions, l'acquisition et la perte de la possession d'état, il faut noter que les actions civiles intentées contre l'enfant relativement aux biens par lui acquis pendant son état d'enfant légitime perdu depuis, se prescrivent suivant les règles du droit commun, que celle qui lui compète pour réclamer son état est imprescriptible, à son profit et à celui de ses descendants légitimes, mais qu'il en est autrement pour ses autres héritiers, que ceux-ci ne peuvent l'intenter que si l'enfant est mort avant l'âge de 25 ans, ou s'il est tombé en démence avant cet âge et mort depuis; qu'en outre on peut continuer l'instance commencée par l'enfant, à moins de désistement de sa part, ou d'interruption pendant un an, et sans condition défendre à la contestation d'état. Les créanciers, légataires et donataires auront les mêmes droits que les héritiers, si le patrimoine de l'enfant ne suffit point par ailleurs à les remplir. Toutes ces actions se prescrivent d'ailleurs par quatre ans, depuis le décès de l'enfant. Toutes les fois qu'il y a contestation d'état, la mère sera entendue et il sera nommé par le juge un tuteur intérimaire. Il existe des actions possessoires de l'état de paternité, de maternité et de filiation légitimes. Enfin la preuve de la filiation ne suffit pas, il faut y joindre celle du mariage des parents, pour établir la légitimité.

DE LA LÉGITIMATION. — La légitimation ne peut s'appliquer qu'aux enfants naturels, et non à ceux que la loi mexicaine appelle *espurios*, c'est à dire aux adultérins et aux incestueux. Le seul moyen est le mariage subséquent, lequel produit son effet, même quand depuis la naissance il y a eu un mariage intermédiaire : le mariage subséquent légitime, quoiqu'il soit déclaré nul, si l'un des époux, au moins, est de bonne foi. Il faut qu'il y ait eu reconnaissance avant le mariage, ou au moment même, ou au cours de celui-ci : ce dernier point est un heureux progrès sur le système de notre droit. Il faut naturellement que les deux époux aient reconnu, mais il n'est pas nécessaire qu'ils le fassent simultanément. Si l'enfant a été reconnu par le père avant le mariage avec indication de la mère, la reconnaissance expresse de celle-ci n'est plus nécessaire ; celle du père ne l'est pas, si son nom a été relaté comme tel dans l'acte de naissance. La légitimation donne les mêmes droits que la légitimité, et a un effet rétroactif. L'enfant peut être légitimé après sa mort s'il a laissé des descendants : il peut l'être aussi avant sa naissance.

DE LA FILIATION NATURELLE. — La reconnaissance des enfants naturels est une matière difficile. Il faut distinguer la reconnaissance volontaire, et la reconnaissance forcée : d'autre part, les enfants *naturales* et les *espurios* (adultérins ou incestueux). La reconnaissance volontaire ne peut être faite que par le père ayant un an de plus que l'âge requis pour contracter mariage ; elle peut l'être simultanément par le père et par la mère. Pour que l'un d'eux puisse la faire seul, il suffira d'établir qu'il était libre de se marier en l'un des premiers 120 jours qui ont précédé la naissance. Quant à la forme, il faut que la reconnaissance soit faite dans l'acte de naissance devant le juge de l'état civil, ou par acte spécial devant le même juge, ou par acte authentique, ou par testament, ou par aveu judiciaire direct et exprès. Si la reconnaissance est unilatérale, elle ne pourra mentionner le nom de l'autre auteur. En ce qui concerne celle forcée, la recherche de la paternité est absolument interdite, à moins cependant : 1° que l'enfant n'ait la possession publique d'enfant ; 2° qu'il n'y ait eu rapt ou viol, quand il y a coïncidence avec la date de la conception. La recherche de la maternité est permise, mais ne peut réussir que si à la fois l'enfant a la possession d'état d'enfant naturel, et la mère prétendue n'est pas mariée au moment où l'on intente l'action. L'obligation par la mère de fournir des aliments ne constitue pas seule une présomption de paternité ou de maternité, et ne peut autoriser cette recherche. Toute reconnaissance peut être contredite par un tiers intéressé, après le décès de celui qui l'a faite ; la mère peut aussi contester la reconnaissance par un homme d'un enfant qu'elle a reconnu elle-même, elle n'aura pas besoin de fournir de preuve, sa dénégation suffira, si toutefois l'enfant consent à la reconnaître pour sa mère. L'enfant majeur ne peut être reconnu que de son consentement, et le mineur que de celui de son tuteur, ou à défaut, d'un tuteur *ad hoc*. On peut reconnaître l'enfant non encore né, ou celui décédé, s'il a laissé des descendants ; si l'enfant reconnu est mineur, il pourra contester la reconnaissance à sa majorité, pendant un délai de quatre ans, à partir du jour où il en aura eu connaissance depuis cette époque. Dès qu'elle a eu lieu, elle est irrévocable, même si elle était contenue dans un testament révoqué depuis. Le mineur peut cependant révoquer celle par lui faite, s'il prouve qu'elle a été le résultat d'une tromperie, il conserve ce droit pendant quatre ans à partir de sa majorité. La reconnaissance confère le droit de porter le nom, d'être nourri et entretenu, et d'avoir une part de droit successoral *ab intestat*, ou la pension alimentaire qui a remplacé la réserve abolie. La recherche de la paternité ou de la maternité ne peut être faite que du vivant du père ou de la mère ; si cependant ils sont décédés pendant la minorité de l'enfant, celui-ci peut encore intenter son action dans les quatre ans de sa majorité ou de son émancipation. La désignation des enfants *espurios*, en dehors du mode établi ci-dessus au titre des actes de l'état civil peut avoir lieu par testament.

DE LA MINORITÉ. — Ce titre ne contient qu'une seule disposition : la fixation de la majorité à 21 ans.

De la **Puissance paternelle.** — Ce titre contient trois chapitres : 1° des effets de la puissance paternelle quant à la personne : 2° de ses effets quant aux biens : 3° de l'extinction et de la suspension de cette puissance.

La puissance paternelle s'applique aux enfants légitimes, aux légitimés et aux naturels reconnus. Elle est exercée par le père, la mère, l'aïeul paternel, l'aïeul maternel, l'aïeule paternelle, l'aïeule maternelle, en suivant cet ordre. La dévolution de l'un à l'autre a lieu seulement par suite de décès, d'interdiction ou d'absence du précédent. L'enfant ne peut quitter la maison sans permission du père ou de l'autorité compétente; le père doit l'élever, peut le punir avec l'assistance des autorités au besoin; l'enfant ne peut ester en justice ni contracter d'obligation. En ce qui concerne les biens, celui qui a la puissance paternelle les administre : ils se divisent en six classes, suivant qu'ils proviennent : 1° de donation du père : 2° de succession ou legs du même : 3° de donation, héritage ou legs de la mère ou des aïeuls, même exerçant la puissance paternelle : 4° de donation, succession ou legs de collatéraux ou d'étrangers, quand même la libéralité aurait été faite en considération du père : 5° d'un don de fortune : 6° du travail. Les biens de la première classe appartiennent à l'enfant, et leur administration, au père ; l'enfant aura la moitié des fruits, le père peut lui laisser l'administration et une part de fruits: ceux de deuxième, troisième, quatrième et cinquième espèces appartiennent à l'enfant pour la propriété et la moitié de l'usufruit ; l'administration et l'autre moitié des fruits reviennent au père qui peut cependant les céder à son enfant. Ceux de la sixième classe apparti ·nnent en propriété, en jouissance et en administration à l'enfant. Ceux des deux premières classes doivent se rapporter à la succession du père. Quand, en vertu de la loi ou de la concession du père, l'enfant a l'administration des biens, il est à cet égard considéré comme émancipé. Le droit d'usufruit légal s'éteint rar l'émancipation ou la majorité, par le convol de la mère, par la renonciation ; cette renonciation sera considérée comme une donation. La puissance paternelle prend fin par le décès, l'émancipation ou la majorité ; elle se perd en cas de condamnation à une peine emportant déchéance, ou dans les divers cas de divorce ci-dessus énumérés. En outre, les tribunaux peuvent en déclarer déchu, ou en modifier l'exercice, s'il y a abus. Cette puissance est suspendue pour incapacité, absence, sentence prononçant suspension et divorce ; dans ce dernier cas, le père conserve l'usufruit légal. Celui-ci peut par testament nommer à la mère ou aux aïeules un ou plusieurs conseils qu'elles devront entendre avant de procéder à tel ou tel acte, mais il faut pour cela qu'à son décès le père de famille soit en jouissance du pouvoir paternel ; si la suspension se base sur la folie ou l'absence, le choix sera valable s'il a été fait par un testament antérieur à cet état. Si la mère ou l'aïeule ne veut pas consulter ce conseil, elle peut être privée de sa puissance. La mère, les aïeuls et les aïeules peuvent toujours renoncer à la puissance paternelle qui sera alors dévolue à l'ascendant ultérieur : l'ascendante ne peut revenir sur sa renonciation. La mère ou l'aïeule veuve qui donne naissance à un enfant illégitime perd ses droits. Celle qui convole les perd aussi. Jamais le second mari ne pourra exercer la puissance paternelle. Si la mère ou l'aïeule qui avait convolé redevient veuve, elle reprend ses droits.

DE LA TUTELLE. — Ce titre comprend les chapitres suivants : 1° dispositions générales ; 2° de l'état d'interdiction : 3° de la tutelle testamentaire : 4° de la tutelle légitime des mineurs : 5° de la tutelle légitime des déments, des idiots et des sourds-muets ; 6° de la tutelle des enfants abandonnés : 7° de la tutelle dative : 8° de ceux qui sont incapables d'être tuteurs et de ceux qui doivent être destitués ; 9° des excuses de la tutelle : 10° des sûretés que doivent fournir les tuteurs pour garantir leur gestion ; 11° de l'administration de la tutelle : 12° de l'extinction de la tutelle : 13° des comptes de tutelle : 14° de la remise des biens. Comme on le voit, on y traite tant de l'organisation de la tutelle que des effets de l'incapacité des mineurs et des déments : l'émancipation et la curatelle font l'objet des titres suivants. Le système de la tutelle est assez semblable à celui adopté par les autres nations Romanes et par la France, il diffère essentiellement du système germanique, cependant le conseil de famille n'y a pas été institué. La tutelle des prodigues qui était organisée dans la première rédaction a été effacée du Code civil lors de sa revision.

DES INCAPABLES. — Les personnes qui doivent être mises en tutelle sont : 1° les mineurs non émancipés : 2° les majeurs frappés de folie, d'idiotie ou d'imbécillité, même avec des intervalles lucides : 3° les sourds-muets ne sachant ni lire ni écrire : elles forment un premier groupe où l'incapacité est naturelle. Un second groupe où l'incapacité n'est que légale comprenait dans la première rédaction : 1° les prodigues ; 2° les mineurs émancipés ; depuis la revision, elle ne comprend plus que ces derniers. On ne peut avoir à la fois plus d'un tuteur et d'un curateur, ce dernier est adjoint au tuteur dans certains cas ; le tuteur et le curateur ne peuvent être entre eux parents en ligne directe à aucun degré ni en ligne collatérale jusqu'au quatrième. La charge de tuteur est imposée. Le texte primitif du Code contenait les dispositions de procédure suivantes : quand les héritiers sont mineurs, ou autrement incapables ou absents, l'exécuteur testamentaire ou à défaut les parents et amis du défunt doivent donner avis du décès dans les huit jours au juge du lieu sous peine d'une amende de 25 à 100 pesos, le juge pourvoit provisoirement à la personne et aux biens de l'incapable ; si celui-ci se trouve hors de son domicile, le juge du lieu de sa résidence fera inventorier les biens qui sont entre ses mains et avisera le juge du domicile. Le Ministère public sera entendu dans toutes ces affaires. Ces dispositions ont été supprimées lors de la revision comme tout ce qui a trait à la procédure. La tutelle et la curatelle sont conférées par le testament, la loi, le choix de l'incapable ratifié par le juge, la nomination directe de celui-ci.

De la Déclaration d'état. — Le texte primitif contenait les dispositions de procédure suivantes s'appliquant à la déclaration d'état. Cette déclaration ne concernait pas seulement, comme dans notre droit, la prodigalité ou la démence, mais aussi la minorité, elle embrassait donc toutes les incapacités ; aucune tutelle ne pouvait être établie avant qu'il y ait eu déclaration d'état par sentence judiciaire, on devait appeler alors un tuteur intérimaire, que le tribunal nommait au début de l'instance. La déclaration de minorité peut être requise par le mineur lui-même, s'il a plus de 14 ans, par son conjoint, par ses héritiers présomptifs, par l'exécuteur testamentaire, par le Ministère public ; elle se prouve par un extrait du registre de l'état civil ; à défaut, par l'aveu du mineur et par témoins. La déclaration d'émancipation se fait de la même manière. Celle d'interdiction peut être demandée par le conjoint, les héritiers présomptifs, l'exécuteur testamentaire et le Ministère public ; la démence peut se prouver par témoins ou par actes, mais il faut, en outre, le certificat de deux médecins nommés par le juge et qui examinent le défendeur en sa présence et en celle du tuteur intérimaire et d'un membre du Ministère public ; les questions sont faites par le juge ; l'interrogatoire peut être fait plus tard par lui, soit sur requête, soit d'office, mais contradictoirement avec le demandeur primitif et le Ministère Public. Le tuteur de l'interdit doit présenter chaque année au juge, en janvier, un certificat de médecin sur l'état de l'interdit qu'ils auront visité en présence du curateur ; en prononçant l'interdiction, le juge peut la déclarer absolue, ou bien la restreindre à certains actes, comme ceux d'ester en justice, d'emprunter ou de prêter à intérêt, de donner, de céder des droits, de transiger, d'aliéner ; il indiquera en même temps pour lesquels de ces actes il faudra l'autorisation de justice et pour lesquels celle du tuteur suffira. L'interdiction des idiots, des imbéciles, et des sourds-muets peut aussi être demandée, et l'on suivra les mêmes règles. Toutes ces dispositions ont disparu comme étant de pure procédure, lors de la revision du Code. Le mineur qui est en même temps dément ou imbécile pourra être interdit en arrivant à la majorité, les ex-tuteur et curateur entendus.

De l'État d'Interdiction. — Après avoir organisé la déclaration de l'incapacité pour ses diverses causes, le Code mexicain définit les effets de l'interdiction ; ce sont, en substance, la privation de l'administration et la mise en tutelle. Il indiquait ensuite la procédure relative à l'interdiction et à la tutelle de la manière suivante. La tutelle intérimaire ne permet que de faire les actes conservatoires ; pour les autres, il faut l'autorisation de justice. Après la sentence définitive, le juge appellera à la tutelle les personnes désignées par la loi et à défaut celles qu'il choisira lui-même : il nommera de la même manière le curateur, lequel correspond à notre subrogé-tuteur. Ne peuvent être nommés ceux qui ont causé la prodigalité ou la démence. Le tuteur doit rendre compte tous les ans. Celui d'un incapable qui a des enfants sous sa puissance sera aussi leur tuteur s'il n'existe pas d'autre ascendant que la loi appelle. S'il s'agit du mariage d'un enfant de l'incapable, le tuteur, d'accord avec le curateur, fixe la dot qu'on doit lui constituer et tout ce qui concerne les conventions matrimoniales ; si l'enfant n'est pas d'accord, il adresse ses réclamations au juge, lequel décidera, après avoir entendu le tuteur et le curateur de l'incapable, l'enfant s'il est majeur, le tuteur aux affaires judiciaires, s'il est émancipé, et le tuteur ad hoc, s'il est mineur. Il en sera de même s'il y a désaccord entre le tuteur et le curateur sur ce point. Lorsque l'enfant majeur qui désire se marier est sous la tutelle de son père ou de sa mère, c'est le tuteur ou le curateur intérimaire nommés *ad hoc* qui feront cette fixation. Lorsque la tutelle de l'incapable revient à son conjoint, à ses descendants ou à ses enfants, ceux-ci ne seront pas tenus de donner caution pour la sûreté de leur gestion, à moins que le juge ne l'ordonne, le curateur entendu. Lorsque c'est le mari qui est tuteur, il agira en vertu de la puissance maritale, laquelle subira cependant les modifications suivantes : lorsque le consentement de la femme était nécessaire, il sera remplacé par l'autorisation du juge ; lorsque la femme pouvait réclamer des sûretés à son mari ou intenter une action contre lui, elle sera représentée par son tuteur intérimaire, et le curateur devra provoquer cette nomination sous peine de responsabilité. Si c'est l'épouse qui est tutrice, elle exercera l'autorité d'un chef de famille, mais ne pourra grever ni aliéner les immeubles, ni les droits, ni les meubles précieux du mari sans autorisation du juge qui entendra le curateur : en cas de mauvaise administration, la femme pourra être destituée de la tutelle. La tutelle de l'incapable dure autant que l'interdiction, si elle est exercée par le conjoint, les enfants ou les ascendants ; si elle l'est par d'autres, elle ne durera que dix ans, lorsque le tuteur le demande. Celui qui provoque par dol un jugement d'incapacité, soit contre lui-même, soit contre d'autres, est passible des peines des délits de calomnie et de fausseté, et tenu de dommages-intérêts. Même après la sentence d'interdiction, le juge, à requête de l'incapable, du conjoint, du tuteur ou des héritiers réservataires, peut changer l'interdiction absolue en interdiction partielle, l'étendre ou la restreindre. Les actes de nomination de tuteur, les sentences d'interdiction ou sa main-levée doivent être publiés dans les journaux. Nous avons rappelé ces dispositions de procédure, parce qu'elles peuvent avoir leur intérêt rétrospectif; mais elles ont disparu du Code revisé.

Sont nuls tous les actes d'administration et tous les contrats passés par les mineurs ou autres soumis à interdiction, avant la nomination du tuteur, même intérimaire, si la cause d'interdiction ou la minorité étaient notoires à l'époque de l'acte; sont nuls les mêmes actes faits par les mineurs non émancipés depuis la nomination du tuteur, à défaut d'autorisation de sa part, ceux faits par les émancipés contrairement aux restrictions légales, et ceux des autres incapables depuis la nomination de leur tuteurs, s'ils sont contraires aux restrictions de la sentence d'interdiction. Cette nullité est purement relative, les cautions elles-mêmes ne peuvent l'invoquer, ni les codébiteurs solidaires. L'action en nullité se prescrit comme les autres actions. Les incapables ne peuvent plus invoquer la nullité s'il s'agit d'obligations relatives à leur profession, ou s'ils ont présenté des extraits faux des registres de l'état civil pour se faire passer pour majeurs.

De la Tutelle testamentaire. — Le Code passe ensuite à l'organisation de la tutelle; il distingue la testamentaire, la légitime et la dative. La testamentaire peut être constituée par ceux qui possèdent la puissance paternelle, même si l'enfant est posthume; on peut aussi nommer un tuteur à l'étranger qu'on institue héritier ou auquel on lègue, mais seulement quant aux biens transmis; on peut en nommer même aux enfants *espurios*. La nomination de ce tuteur faite par le père ou par la mère exclut de la puissance paternelle les ascendants, à moins que ceux-ci ne soient empêchés d'arriver à la tutelle par quelque obstacle, auquel cas on suppose que le testateur n'a ainsi disposé que pour le temps que durera l'obstacle ; mais le père ne peut exclure ainsi la mère. La nomination faite par un autre ascendant exclut de la puissance paternelle le conjoint du testateur et les autres ascendants de toute ligne. Si l'on a choisi un seul tuteur pour plusieurs mineurs et que les intérêts de ceux-ci soient opposés respectivement, le juge nommera pour ces points un tuteur spécial. Le père, tuteur de son enfant interdit, peut lui nommer un tuteur testamentaire si la mère est décédée ou ne peut gérer la tutelle ; il en sera de même de la mère. Il n'y a pas lieu à tutelle testamentaire pour l'enfant majeur de 18 ans et émancipé. Si l'on nomme plusieurs tuteurs, la tutelle n'appartiendra qu'au premier, et ne sera dévolue aux autres qu'à son défaut.

DE LA TUTELLE LÉGITIME. — Il y a lieu à tutelle légitime en cas de suspension ou de perte de la puissance paternelle, ou quand il n'y a pas de tuteur testamentaire, ou quand on doit nommer un tuteur pour cause de divorce. Elle est dévolue, dans l'ordre suivant : 1° aux frères, avec préférence pour les germains ; 2° aux oncles germains ; s'il y en a d'égal degré, le juge choisira entre eux, mais si le mineur a plus de 14 ans, c'est lui qui fera le choix. En ce qui concerne les déments, les idiots et les sourds-muets, le mari est le tuteur de sa femme, et la femme, de son mari ; les fils majeurs sont tuteurs de leur père veuf ou de leur mère veuve ; lorsqu'il y a plusieurs enfants, la préférence appartient à ceux qui vivent avec leurs père et mère, et entre ces derniers le juge choisit. Le père, et à défaut la mère qui n'a pas convolé, sont de droit tuteurs de leurs enfants légitimes ou naturels reconnus, célibataires ou veufs, n'ayant pas d'enfants mâles. A défaut de ces personnes, la tutelle passera à l'aïeul paternel, à défaut à l'aïeul maternel, à défaut aux frères, à défaut aux oncles paternels, à défaut aux oncles maternels. Le tuteur d'un incapable qui aura des enfants mineurs en son pouvoir paternel sera aussi leur tuteur, s'il n'y a aucun ascendant que la loi appelle à la tutelle. Enfin, en ce qui concerne les enfants abandonnés, c'est la personne qui les a recueillis qui en a la tutelle ; s'ils sont dans des établissements publics, les directeurs joueront le rôle de tuteurs.

DE LA TUTELLE DATIVE. — Le tuteur datif est celui qui est nommé par le juge, si le mineur n'a pas encore quatorze ans. S'il a plus de quatorze ans, c'est le mineur qui choisira son tuteur, et le juge confirmera ce choix, s'il y a lieu. Lorsqu'il s'agira de rejeter la nomination ultérieurement proposée, le mineur aura le droit de faire entendre un défenseur. Il y a lieu à tutelle dative : 1° lorsqu'il n'y a ni tuteur testamentaire, ni tuteur légitime ; 2° lorsque le tuteur testamentaire est empêché, et qu'il n'y a pas de parents au degré voulu. Le tuteur datif aura droit aux mêmes honoraires qu'un mandataire.

DES CAUSES D'EXCLUSION OU D'EXCUSE. — Le Code mexicain établit ensuite les cas d'incapacité, de destitution ou d'excuse de la tutelle. Ne peuvent être tuteurs : 1° les femmes ; 2° les mineurs ; 3° les majeurs en tutelle eux-mêmes ; 4° ceux destitués d'une autre tutelle ; 5° ceux de mauvaise réputation ; 6° ceux qui sont en procès avec le mineur ; 7° les débiteurs du mineur d'une somme considérable, à moins qu'ils ne soient nommés tuteurs testamentaires en connaissance de cette situation ; 8° les magistrats, juges ou fonctionnaires ; 9° l'étranger non domicilié dans l'État ; 10° les employés du Trésor qui ont une responsabilité pécuniaire. Sont destitués : 1° ceux qui n'ont pas donné sûreté ; 2° ceux qui administrent mal ; 3° les incapables devenus tels au cours de la tutelle ; 4° le tuteur qui a épousé sa pupille. Ne peuvent être tuteurs ni curateurs d'un dément, ceux qui ont été cause de la démence ou qui l'ont fomentée ; il en est de même pour les idiots, les imbéciles et les sourds-muets. Il faut un jugement pour la destitution. En cas d'accusation d'un délit, la tutelle est suspendue. Sont excusés : 1° les employés supérieurs de l'État ; 2° les militaires en service actif ; 3° ceux qui ont sous leur puissance cinq descendants légitimes ; 4° les indigents ; 5° ceux de mauvaise santé, ou qui ne savent pas lire et écrire ; 6° ceux âgés de 60 ans ; 7° ceux qui sont chargés d'une autre tutelle ou curatelle : celui qui accepte renonce par là même aux excuses. Le tuteur doit les proposer dans les dix jours à partir de celui où il en a eu connaissance, plus un jour par cinq lieues entre son domicile et la résidence du juge compétent. Pendant l'instance en admission d'excuses, le juge nomme un tuteur intérimaire. Le tuteur testamentaire qui s'excuse de la tutelle perd tous ses droits aux legs : celui qui, malgré le rejet de ses excuses, refuse de gérer, perd le droit d'hériter du mineur ab intestat, et est passible de dommages-intérêts.

DE LA GESTION TUTÉLAIRE. — Le tuteur, avant d'entrer en charge, doit fournir des garanties consistant en une hypothèque ou en une caution, celle-ci seulement à défaut de l'autre, quelquefois les deux à la fois si une seule est insuffisante. Ces garanties doivent couvrir le montant des revenus des immeubles et des capitaux, le capital des meubles, les produits moyens des immeubles calculés sur les revenus de cinq années, et les profits commerciaux et industriels d'après les livres ou au dire d'experts. Si dans les trois mois de son acceptation, le tuteur ne peut les fournir, on devra le remplacer; pendant ces trois mois, la gestion sera faite par un tuteur intérimaire qui fera inventaire et ne pourra procéder qu'aux actes fixés par le juge. Sont dispensés de donner garantie : 1° les tuteurs testamentaires dispensés par le testateur; 2° tous les tuteurs lorsque le mineur n'est pas en possession de ses biens, ou qu'il a seulement des droits litigieux; 3° le père, la mère et les aïeuls légitimes; 4° ceux qui recueillent un enfant exposé et l'élèvent pendant dix ans, s'ils n'ont pas reçu de rétribution ; ils peuvent en être cependant tenus après coup lorsqu'il survient une cause nouvelle. Le conjoint, les ascendants et les enfants, s'ils sont tuteurs, ne fourniront pas de garantie, à moins que le juge ne l'exige. Lorsque le tuteur est cohéritier de l'incapable, et que celui-ci ne possède pas de biens par ailleurs, on ne peut exiger du tuteur d'autre hypothèque que celle de sa part d'hérédité, à moins que cette part ne soit inférieure à la moitié de celle de l'incapable. Le curateur doit veiller à la permanence et à l'efficacité de ces garanties.

L'administration de la tutelle est réglée par le chapitre suivant : le tuteur ne peut gérer avant d'avoir fait nommer un curateur, sous peine de tous dommages-intérêts et de destitution, mais un tiers ne peut se refuser à traiter avec lui pour ce motif. Il doit prendre soin de la personne et des biens du mineur et le représenter en justice et dans tous les actes, sauf le mariage, le testament et la reconnaissance d'enfant. Le juge fixe la somme qu'on doit employer pour l'éducation du mineur, et pour les frais de gestion ; toute modification doit être approuvée par lui. Le tuteur choisit la profession du mineur, mais il devra suivre la destination donnée par celui qui avait la puissance paternelle, faire procéder à un inventaire authentique en présence du curateur et dans le délai imparti par le juge ; ce délai ne peut dépasser six mois : il doit y faire inscrire, sous peine de perdre ses droits, ses créances contre le mineur ; même après la clôture, on y ajoute les valeurs que le mineur acquiert depuis ; en cas d'omission d'une valeur, le mineur, même avant sa majorité, et le curateur, ont le droit d'en réclamer l'inscription. Si le père ou la mère du mineur exerçaient un commerce ou une industrie, le juge, sur l'avis de deux experts, décide s'il y a lieu de continuer l'exploitation, à moins qu'ils n'aient disposé à ce sujet avant leur mort. Le numéraire, à mesure des recouvrements, doit être placé sur hypothèque dans les trois mois à partir du jour où il atteindra le chiffre de 2000 pesos, ce délai peut être prorogé de trois autres mois par le juge. Les immeubles et les meubles précieux ne peuvent être grevés, ni hypothéqués par le tuteur que d'accord avec le curateur et avec l'autorisation de justice ; le juge impartit un délai pour l'emploi du prix, et le tuteur devra lui justifier de cet emploi. La vente des immeubles est nulle si elle n'a pas lieu par voie d'adjudication ; pour les meubles précieux et les bijoux, le juge peut permettre la vente à l'amiable ; lorsqu'il s'agit de vendre ou de grever les biens d'un incapable co-propriétaire, l'opération aura lieu sans formalités spéciales, si la majorité calculée d'après les parts, non comprises celles des incapables, le veut ainsi. Le tuteur ne peut, même aux enchères, acheter les biens du mineur ni les prendre à bail, non plus que sa femme, ses enfants, ses frères ou ses sœurs par parenté ou alliance, ni passer aucun acte avec le mineur, à moins qu'il n'y ait cohairie ou société entre eux ; il ne peut se payer de ses créances contre le mineur qu'avec l'assentiment du curateur et de justice : il ne peut non plus se faire céder aucun droit contre son pupille. La prescription au profit du tuteur est suspendue pendant tout le cours de la tutelle. Le tuteur ne peut passer des baux de plus de neuf ans sans l'assentiment du curateur et de justice ; il ne pourra toucher d'avance les loyers pour plus de trois ans. Il ne lui est pas permis d'emprunter du mineur, même avec hypothèque. Il doit se munir d'autorisation de justice pour toutes les impenses qui ne sont pas de simple conservation. Il ne peut transiger ou compromettre sans autorisation ; il ne peut donner au nom du mineur. La transaction devra être soumise ensuite à l'homologation quand elle porte sur des immeubles et des droits réels, ou sur des meubles d'une valeur de plus de 500 pesos. Le tuteur ne pourra jamais acquiescer à une demande sans l'assentiment du curateur et du juge, à moins qu'il ne s'agisse d'expropriation pour cause d'utilité publique. Il a droit à une rétribution qui pourra être fixée par le testateur en cas de tutelle testamentaire, et dans les autres cas, par le juge ; ce salaire ne sera pas inférieur à 4, ni supérieur à 10 o/o des revenus nets; si la fortune du mineur prospère d'une manière extraordinaire par l'industrie du tuteur, celui-ci aura droit à 10 o/o sur l'augmentation, en sus de la remise ordinaire. Pour acquérir cet excédent, il faudra que pendant deux ans au moins il ait obtenu l'approbation de son compte. Le tuteur du dément doit présenter chaque année au mois de janvier au juge du domicile un certificat de deux médecins indiquant l'état de santé de son pupille, que le juge vérifiera en présence du curateur. Les revenus s'appliqueront surtout à la guérison. Quand les enfants d'un incapable auront à contracter mariage, le tuteur, d'accord avec le curateur, déterminera la dot à fournir sur les biens du père, ainsi que les conventions matrimoniales : l'enfant pourra réclamer contre cette fixation devant le juge, lequel statuera, tout le monde entendu ; il en sera de même lorsqu'il y aura dissentiment entre le tuteur et le curateur. Si l'enfant majeur qui veut se marier est lui-même le tuteur de son père ou de sa mère, c'est le curateur, ou un tuteur intérimaire nommé par le juge, qui procèdera à cette fixation. Quand c'est le mari qui est tuteur, il continuera de jouir de ses droits en sa qualité de mari, mais dans les cas où le consentement du mari est nécessaire, celui du juge y suppléera, le curateur entendu, et la femme, si elle veut agir contre son mari, se fera pourvoir d'un tuteur intérimaire. Quand la tutelle d'un incapable appartient à sa femme, celle-ci administrera comme chef de famille, mais ne pourra aliéner ni grever qu'avec autorisation de justice, le curateur entendu. En cas de mauvaise administration, la femme pourra être destituée à requête du curateur ou des parents du mari.

De la Reddition de Compte, de la Remise des Biens, et de l'Extinction de la Tutelle. — La tutelle s'éteint par le décès du tuteur, par son absence régulièrement déclarée, par l'excuse ou l'empêchement, et aussi par le décès, ou l'émancipation, ou la majorité de l'incapable. C'est alors que le tuteur doit rendre compte de sa gestion dans le délai d'un mois. Il doit aussi remettre les biens. En outre, le tuteur rendra un compte annuel, au cours de la tutelle : s'il néglige de le faire pendant trois ans, il peut être destitué. C'est le curateur qui examine d'abord le compte et qui le transmet au juge. Le tuteur répond des créances dont il n'aurait pas effectué ou poursuivi le recouvrement s'il n'a obtenu, dans les 60 jours de l'échéance, une garantie : lorsque le mineur n'est pas en possession des biens auxquels il a droit, le tuteur répond aussi de la perte, si, dans les deux mois depuis qu'il a eu connaissance de ce droit, il n'a pas exercé les diligences nécessaires. Les dépenses régulières doivent être allouées au tuteur, quand même le mineur n'en aurait pas profité ; nulle avance ne lui sera passée en compte, à moins d'autorisation de justice, si elle excède la moitié du revenu annuel. Le solde du compte produit intérêts au taux légal, qu'il soit au crédit ou au débit du tuteur, à partir contre celui-ci de l'expiration du délai pour rendre compte, et contre le mineur devenu majeur, de la sommation de payer. Si le mineur donne au tuteur terme pour le paiement, l'hypothèque constituée pour la tutelle restera en vigueur jusqu'à ce terme, à moins de de dispositions contraires : si la garantie consistait en une caution, on fera connaître cette concession de délai à la caution, laquelle non interpellée serait dégagée. Toutes les actions du mineur contre quiconque en vertu du compte de tutelle se prescrivent par quatre ans du jour de la remise des biens et de la reddition du compte, à moins qu'il n'y ait eu vol ou fraude de la part du tuteur, ou faux, ou omission, ou erreur de calcul : que si une tutelle prend fin au cours de la minorité, le mineur conservera ses actions pendant le délai de prescription qui ne sera compté alors qu'à partir de la majorité.

Du Curateur. — C'est notre subrogé-tuteur. Il doit être constitué à tous ceux qui sont munis d'un tuteur.

On lui appliquera les mêmes cas d'empêchements : il sera nommé de la même manière, mais par le juge. Le curateur devra défendre les droits de l'incapable, lorsqu'ils seront en opposition avec ceux du tuteur, veiller sur la conduite de celui-ci, donner avis au juge lorsque le tuteur vient à manquer. Il peut être responsable. S'il n'y a que changement de tuteur, le même curateur demeure en fonctions ; il a le droit de se faire décharger au bout de dix ans. Il reçoit des honoraires, comme un mandataire.

C'est ici que se plaçait la *restitutio in integrum*. Cette institution était établie dans le texte de 1870, de la manière suivante. Elle appartenait à tous ceux qui ont été en tutelle pour toutes les affaires où ils ont subi un préjudice, soit qu'ils aient agi eux-mêmes avec l'approbation du tuteur, soit que celui-ci ait agi en leur nom. Il leur suffisait d'établir que le dommage avait été souffert pendant la durée de leur incapacité, qu'il excédait le quart du juste prix de la chose ou de l'intérêt de l'affaire, et que ce préjudice résultait de l'affaire même. Les choses étaient remises en l'état antérieur, et les contre-valeurs fournies, restituées avec leurs fruits et intérêts. En outre, l'incapable avait droit aux dommages-intérêts qu'il n'avait pu obtenir du tuteur, du curateur ou de la caution, le tiers pouvait opter entre la rescision du contrat et le paiement de ces dommages-intérêts. Cette action pouvait être intentée dans les quatre ans qui suivent la majorité et la cessation de l'incapacité. Il n'y avait pas lieu à restitution pour les actes faits par le tuteur et le curateur avec autorisation de justice, lorsque le demandeur ne pouvait restituer la contre-valeur reçue de son tuteur. Mais la *restitutio in integrum* a été abolie et a disparu lors de la revision de 1884.

De l'Émancipation et de la Majorité. — L'émancipation a lieu par le mariage, et malgré le veuvage subséquent, la minorité ne renait pas. En outre, le majeur de 18 ans peut être émancipé par celui qui a la puissance paternelle, pourvu qu'il y consente et que le juge approuve ; cette émancipation se constate par acte authentique. L'émancipé peut administrer ses biens, mais il a besoin du consentement de celui qui l'a émancipé pour contracter mariage, et à défaut, de l'ascendant ou du juge, ainsi que de l'autorisation de l'émancipateur ou du juge pour aliéner, grever ou hypothéquer des immeubles, enfin de celle d'un tuteur pour ester en justice. L'émancipation est irrévocable. Les majeurs de 18 ans, soumis à la tutelle et qui font preuve de leur aptitude à gérer leurs biens et de bonne conduite, peuvent recevoir l'habilitation par décision judiciaire. Cette habilitation peut comprendre le pouvoir d'administrer, ou celui d'ester en justice, ou les deux ensemble. On remet une copie du jugement au juge de l'état civil pour qu'il l'inscrive sur les registres. Les femmes majeures de vingt-un ans, mais n'ayant pas encore accompli leur trentième année, ne pourront quitter la maison paternelle sans permission de leur père ou de leur mère, si ce n'est pour se marier, ou lorsque le père ou la mère s'est remarié.

De l'Absence. — Ce titre contient les chapitres suivants : 1° des mesures provisoires en cas d'absence ; 2° de la déclaration d'absence ; 3° des effets de cette déclaration ; 4° de l'administration des biens de l'absent marié ; 5° de la présomption de décès de l'absent ; 6° des effets de l'absence quant aux droits éventuels de l'absent ; 7° dispositions générales.

Si l'absent a laissé un mandataire, il sera considéré comme présent : dans le cas contraire, si la résidence est connue, le juge, soit sur requête, soit d'office, nomme un mandataire, cite l'absent par publications dans les journaux, lui fixant pour comparaître un délai de trois mois au moins et de six au plus, et ordonne les mesures provisoires nécessaires : il fait remettre copie des pièces le constatant aux consuls mexicains à l'étranger, pour qu'ils puissent les publier à leur tour. Si l'absent a des enfants mineurs qui soient sous sa puissance paternelle et qu'il n'y ait pas d'ascendants pour exercer cette puissance, ni de tuteur testamentaire ou légal, le ministère public provoque la nomination d'un tuteur. Le mandataire nommé n'aura que le pouvoir d'administrer. Si dans les délais fixés, l'absent ne comparaît pas, on lui nommera un représentant ; tout intéressé, ou toute personne qui veut plaider contre l'absent pourra provoquer cette nomination. Si c'est un conjoint qui est absent, il sera représenté par son conjoint présent, les descendants par les ascendants, et réciproquement. Si le conjoint absent est marié en secondes noces et a des enfants du mariage antérieur, le conjoint présent et les enfants du premier lit nommeront d'accord un représentant ; en cas de désaccord, le choix sera fait par le juge. A défaut de ceux-là, c'est l'héritier présomptif qui sera le représentant ; s'il y en a plusieurs, ils choisiront entre eux ; en cas de désaccord, le choix appartiendra au juge qui nommera celui qui a le plus d'intérêt à la conservation des biens. Le représentant aura les mêmes pouvoirs que le tuteur et aura droit au même salaire. Ne peuvent être représentants ceux qui ne pourraient être tuteurs, à l'exception de la femme et de la mère. Les excuses, les incapacités, les exclusions sont les mêmes qu'en cas de tutelle. Tous les ans, on fait de nouvelles publications qui indiquent le nom et la demeure du représentant et le temps nécessaire pour terminer le délai qui aboutit à la déclaration d'absence ; ces publications ont lieu pendant trois mois avec des intervalles de quinze jours. Le réprésentant doit les requérir sous peine de dommages-intérêts.

DE LA DÉCLARATION D'ABSENCE. — La déclaration d'absence est prononcée cinq ans après la nomination du représentant ; ce délai sera porté à dix ans, si l'absent a laissé un mandataire, il se compte de la disparition ou des dernières nouvelles, et cela même quand le mandat aurait été donné pour plus de dix ans. Au bout de cinq ans, on peut exiger que le mandataire donne des garanties, comme le représentant. La déclaration peut être demandée par les héritiers présomptifs, les héritiers institués, et tous ceux qui ont un droit ou une obligation subordonnés à la vie, à la mort, ou à la présence de l'absent, enfin par le ministère public. Le juge ordonne la publication pendant trois mois avec des intervalles de quinze jours au journal officiel et dans d'autres feuilles. Six mois après la dernière publication il déclarera l'absence ; cette déclaration est publiée pendant trois mois dans les journaux, avec intervalle de quinze jours entre chaque publication ; ces publications se renouvellent tous les cinq ans jusqu'à la déclaration de présomption de mort. Lorsque la déclaration d'absence a été prononcée, s'il y a un testament fermé, son détenteur doit le présenter au juge dans les quinze jours de la dernière publication ; celui-ci l'ouvre devant le représentant de l'absent, après avoir convoqué ceux qui ont obtenu la déclaration. Il envoie en possession provisoire, moyennant caution, s'ils sont mineurs ou émancipés, ceux qui étaient héritiers présomptifs lors de la disparition ou des dernières nouvelles ; si les biens ne peuvent être gérés séparément, les héritiers conviendront d'un administrateur gérant ; en cas de désaccord, le juge en choisira un pris parmi les héritiers ; ceux qui n'administrent pas pourront choisir une *interventor* avec les mêmes fonctions et les mêmes émoluments que les curateurs ; les envoyés provisoires auront les mêmes pouvoirs que les tuteurs. Les légataires, les donataires et tous ceux qui ont des droits sur les biens de l'absent pourront les faire valoir, en donnant caution ; ceux qui ont des obligations prenant fin au décès de l'absent peuvent en suspendre l'exécution sous la même garantie ; si cette garantie ne peut être fournie, le juge pourra la réduire des deux tiers. Sont dispensés de donner une sûreté : 1° le conjoint venant comme héritier ; 2° l'ascendant venant au même titre ou qui administre les biens de ses descendants mineurs, mais s'il y a des légataires, ils doivent donner sûreté en ce qui les concerne, lorsqu'il n'y a pas eu partage ni nomination d'un administrateur général. S'il ne se présente pas d'héritiers de l'absent, le ministère public demandera ou la continuation des pouvoirs du représentant ou la possession provisoire au profit du Trésor public. Si l'absent reparaît, il aura droit à la restitution de ses biens, sous déduction de la moitié des fruits qui restera acquise à l'envoyé provisoire.

La déclaration d'absence ne délie pas le lien conjugal, mais interrompt la communauté. On procède à l'inventaire et au partage qui doit avoir lieu conformément au contrat de mariage ; le conjoint présent pourra disposer librement de sa part ; s'il vient en même temps comme héritier, il fera les fruits siens. Lorsqu'il n'est pas héritier et n'a pas de biens propres, il continuera la communauté s'il a été ainsi stipulé au contrat de mariage, et il pourra faire nommer un *intercentor* ; s'il n'y a pas de communauté, il aura droit à des aliments. Au retour de l'époux absent, la communauté reprendra son cours, mais les gains acquis resteront à l'époux qui les aura gagnés ; si le décès de l'absent se trouve antérieur à la déclaration d'absence, les gains ne seront communs que jusqu'au jour du décès. Si l'absence des deux époux est simultanée, on partagera de la même manière, et les héritiers de chaque côté auront leur part.

DE LA DÉCLARATION DE DÉCÈS. — Le décès de l'absent se déclare lorsqu'il s'est écoulé trente ans depuis la déclaration d'absence. Alors s'ouvre son testament, s'il ne l'est pas déjà, les envoyés en possession provisoire rendent compte, et les héritiers entrent en possession définitive sans donner de garantie. Si l'on connaît l'époque du décès de l'absent, ce sont les héritiers à cette époque qui héritent, mais les envoyés provisoires gagnent la moitié des fruits, et les envoyés définitifs, la totalité; si l'absent reparaît, il reprend ses biens, le prix de ceux aliénés, et ceux acquis en remploi. La déclaration de présomption de décès met fin à la communauté légale.

Celui qui réclame un droit subordonné à la vie de l'absent doit prouver l'existence de ce dernier. S'il s'agit d'une succession, il en est de même. Les autres héritiers prennent seuls possession de l'hérédité et sont considérés vis-à-vis de l'absent comme des possesseurs provisoires ; ils acquièrent les fruits.

L'absence ne suspend pas la prescription.

Le juge compétent est celui du dernier domicile de l'absent. Le ministère public est toujours entendu.

LIVRE DEUXIÈME

DES BIENS, DE LA PROPRIÉTÉ
ET DE SES MODIFICATIONS

Ce livre contient les titres suivants : 1° dispositions préliminaires; 2° de la division des biens: 3° de la propriété; 4° de la possession; 5° de l'usufruit, de l'usage et de l'habitation: 6° des servitudes: 7° de la prescription; 8° du travail. Il y a deux de ces sujets desquels le Code français ne s'occupe pas spécialement : 1° la possession dont il ne traite qu'accessoirement à la prescription: 2° le travail qui fait l'objet de lois spéciales.

DE LA DIVISION DES BIENS. — Le Code mexicain établit des biens une division *subjective* et une division *objective*, la première en biens de propriété publique, biens de propriété privée et biens sans maître, la seconde en *meubles* et en *immeubles*.

Sont biens immeubles, conformément à notre droit, les terres et les constructions, les plantes, tant qu'elles adhèrent au sol, les fruits pendants et non encore détachés, tout ce qui est fixé à un édifice de manière à ne pouvoir s'en détacher sans détériorer le tout, les statues placées dans des niches *ad hoc*, tout objet artistique encastré, les viviers, les colombiers, les instruments et ustensiles destinés à l'usage d'une industrie par le propriétaire, les aqueducs et canaux, les animaux attachés aux fonds agricole, enfin les servitudes. Parmi ces objets, ceux fixés à un édifice, les statues et les objets artistiques redeviennent meubles lorsque le propriétaire de l'édifice les détache, à moins que, lors de la constitution d'un droit réel sur cet édifice, la valeur des accessoires ne soit entrée en considération. Les meubles sont tels par nature ou par détermination de la loi. Ce sont, de cette seconde manière, les droits et obligations ayant pour objet des meubles, et aussi les actions dans les sociétés commerciales ou industrielles, quand même des immeubles en dépendent, enfin les rentes perpétuelles ou viagères. Les navires sont des meubles. Les matériaux provenant d'un édifice démoli deviennent meubles, de même que les amendements pour les terres jusqu'à leur emploi. Tout cela est compris dans l'expression générale de biens meubles.

La division subjective envisage les biens, suivant qu'ils sont de propriété privée, ou publique, ou nulle. Ceux de propriété publique comprennent les biens de la confédération, des États ou des communes. Ils se divisent en biens d'usage commun dont peuvent se servir tous les habitants et en biens propres qui sont destinés à subvenir aux dépenses publiques de la collectivité. Quand un chemin public est aliéné dans les formes légales, les propriétaires contigus ont un droit de préemption qu'ils devront exercer dans les huit jours de l'avis reçu; si leur droit n'est pas respecté, ils peuvent faire rescinder l'aliénation dans un délai de six mois.

DES OBJETS TROUVÉS. — Sous l'appellation de biens

mostrencos, sont compris ceux qui n'ont pas de maître, soit que celui-ci les ait perdus par hasard, soit qu'il les ait abandonnés volontairement. A ce propos, le Code mexicain s'occupe de l'obligation de celui qui a trouvé un objet et ne présente pas ainsi la lacune qu'on peut regretter dans notre Code. Il en traite même avec une certaine minutie, comme toutes les législations récentes. Celui qui trouve une chose perdue doit dans les vingt-quatre heures en faire la déclaration et la remettre à l'autorité publique la plus proche du lieu de la trouvaille ; cette autorité la fait estimer par experts, et la dépose au Mont-de-Piété ou aux mains d'un autre séquestre ; si la valeur dépasse dix pesos, on procède à la publication par affiches et insertions, trois fois dans un mois ; si elle est de dix à cinquante pesos, lesdits avis se font quatre fois dans les deux mois ; entre 50 et 100 pesos, les publications ont lieu six fois dans les trois mois ; au delà de cent pesos, huit fois dans un délai de six mois ; si l'objet est susceptible de détérioration, il est vendu et le prix consigné ; s'il s'agit d'un animal dont la valeur est moindre de 50 pesos, la vente en a lieu à la fin du premier mois ; si la valeur est moindre de cent, la vente se fait à la fin du second mois ; au delà, à la fin du troisième. Si pendant tous ces délais, il se présente un réclamant, c'est le tribunal qui décidera, le ministère public entendu. Ces délais expirés, on procédera à la vente, on en donnera un quart à celui qui a trouvé, et le reste sera attribué à un bureau de bienfaisance désigné par le gouvernement. Le Code réglemente le cas d'abandon d'une propriété immobilière ; celui qui s'en aperçoit peut le déclarer à l'autorité publique, on observera les mêmes formalités, et l'inventeur aura le même bénéfice. L'estimation et la publication se feront aux frais du déclarant. S'il se présente dans les délais une personne réclamant l'immeuble, l'autorité publique en avisera le déclarant, et les deux parties débattront devant le juge de paix la question de savoir s'il y a eu abandon. L'avance de tous les frais sera faite par le Trésor, mais ils seront supportés définitivement par le déclarant, s'il succombe. A défaut de remplir ces obligations, celui qui s'empare de la chose d'autrui subira une amende de 5 à 50 pesos, outre celles de droit commun.

DE LA PROPRIÉTÉ. — Le Code examine successivement la propriété en général, celle des animaux, les trésors, les mines, le droit d'accession.

Le propriétaire de la surface l'est aussi du tréfonds. On peut toujours sortir de l'indivision. Si le partage n'est pas possible, on procède à la licitation. Tout partage est nul, s'il n'est pas fait par écrit. Tout propriétaire peut demander aux propriétaires voisins l'arpentage et le bornage.

Il est défendu de chasser sur la propriété privée d'autrui; cependant le gibier appartient au chasseur qui s'en est emparé, ou qui l'a pris dans ses filets, ou qui l'a tué; ce chasseur peut même se le faire remettre par le propriétaire sur le sol duquel il est tombé, sous peine par celui-ci de payer la valeur du gibier; en cas de refus, le propriétaire paie cette valeur et le chasseur peut pénétrer chez lui pour recueillir le gibier. Lorsqu'il y a plusieurs chasseurs, ils sont responsables solidairement des amendes et des dommages-intérêts. L'action se prescrit par un délai de trente jours. Les cultivateurs peuvent tuer les animaux nuisibles qui leur font dommage et même les volailles sur les champs où il y a des semailles. Défense existe de détruire des nids ou des couvées sur le terrain d'autrui. La pêche et la recherche des perles sont permises dans les eaux publiques ; celles dans les eaux privées sont interdites. On peut s'approprier les animaux sauvages *(bravios)*. Quant aux abeilles, on a le droit de s'emparer de celles qui n'ont pas été enfermées dans des ruches ou qui les ont abandonnées : cet abandon n'a pas eu lieu, tant que leur propriétaire les poursuit sans les avoir perdues de vue. Les animaux féroces qui ont quitté leur cage ou leur enclos peuvent être détruits ou appartiennent au premier occupant. Les animaux qui ne portent pas la marque d'un propriétaire sont présumés appartenir à celui de la terre où ils se trouvent, à moins de preuve contraire, ou à moins que ce propriétaire n'ait pas de bétail de la même race. S'ils sont rencontrés sur une terre appartenant à plusieurs, ils sont présumés appartenir au propriétaire qui en possède de la même race et de la même espèce ; si plusieurs en ont, l'animal sera leur propriété commune.

Du Trésor. — Le trésor appartient à celui qui le découvre dans sa propriété ; si la découverte est faite par un tiers et sur un terrain privé, la moitié appartient à l'inventeur, l'autre moitié au propriétaire du fonds. Si les objets trouvés intéressent les sciences ou les arts, on peut les exproprier pour cause d'utilité publique ; c'est une disposition heureuse que notre Code ne contient pas. On ne peut rechercher un trésor sur le terrain d'autrui, et si on le trouve dans ces conditions, on n'y acquiert aucun droit ; si c'est un fermier, il encourt la résiliation de son bail. Si c'est l'usu-fruitier du fonds qui est l'inventeur, il n'a de droit que comme inventeur. Si c'est le nu-propriétaire, il aura droit au tout.

DE L'ACQUISITION DES FRUITS. — L'accession comprend dans une première branche, l'acquisition des fruits naturels, industriels ou civils : dans une seconde, les semences, les plantes et les édifices : dans une troisième, les alluvions et avulsions de terrain, les îles : dans une quatrième, l'accession d'un meuble à un autre meuble. Ces dispositions sont pour la plupart conformes à celles de notre droit. La croît des animaux est réputé fruit dès avant sa naissance ; il appartient au propriétaire de la mère et non à celui du père. On a le droit d'aller cueillir ses fruits sur le fonds voisin.

DES CONSTRUCTIONS. — Le Code mexicain consacre la règle : *ædificium solo cedit*. Le propriétaire des semences, ou des plantes, ou des constructions, qu'un autre a semées, plantées ou édifiées sur un terrain, n'a pas le droit de les en détacher lui-même, mais tant que les plantes n'ont pas pris racine, il peut exiger qu'on les enlève ; le maître du sol où l'on a semé, planté ou construit de bonne foi garde le résultat en en payant la valeur ; il a aussi le droit contre celui qui a édifié ou planté de lui faire payer le prix du terrain, et contre celui qui a semé, de lui faire payer seulement la rente. Celui qui, de mauvaise foi, sème, plante ou construit sur le terrain d'autrui, perd le prix de ce qu'il y a mis, sans avoir droit à aucune indemnité, et alors le maître du sol peut demander la démolition. Lorsqu'il y a mauvaise foi des deux côtés, ces deux mauvaises fois se neutralisent et équivalent au cas de bonne foi. Il y a mauvaise foi du côté du constructeur lorsqu'il sait que le sol appartient à autrui, et du côté du propriétaire du sol quand la construction a été faite à son escient. Si les matériaux, les plantations ou les semailles appartiennent à un tiers qui n'a pas procédé de mauvaise foi, le propriétaire du sol est subsidiairement responsable de la valeur de ces objets lorsqu'à la fois celui qui a employé les matériaux, les plantes ou les semences n'est pas solvable, et que ce qui a été fait lui profite à lui-même. Telles sont les règles un peu compliquées sur ce sujet, mais cependant plus simples et plus claires que celles de notre Code qui ont causé tant de difficultés d'interprétation.

DE L'ACCESSION IMMOBILIÈRE. — L'accroissement par alluvion insensible appartient aux riverains, quand il s'agit de rivières, mais non quand il s'agit de lacs ou d'étangs : dans ce dernier cas, il n'y a pas de déplacement de propriété. En cas d'avulsion, l'ancien propriétaire peut réclamer la portion de terrain emportée, et ce, pendant deux ans, et même pendant plus longtemps si le propriétaire voisin de cette portion de terrain ne l'a pas encore occupée. Si l'avulsion ne s'applique qu'aux arbres, le même droit de réclamation dure deux années. Si une rivière change de lit, les propriétaires du terrain envahi le perdent, et les riverains du lit abandonné acquièrent ce lit jusqu'au milieu. Il en est de même des îles qui se forment dans les rivières navigables ou flottables, elles se divisent entre les propriétaires des deux rives suivant une ligne tirée au milieu du lit et une autre de l'extrémité de chaque héritage. Si une rivière se divise en deux bras de manière à former une île entre eux, les propriétés respectives ne sont pas modifiées.

De l'Accession mobilière. — Si deux meubles se trouvent réunis sans mauvaise foi, le propriétaire de l'objet principal acquiert ainsi l'objet accessoire, en en payant le prix ; or, est réputé principal l'objet qui a la plus grande valeur ; si les valeurs sont les mêmes, est principal l'objet pour l'ornement ou l'utilité duquel l'autre a été joint. S'il s'agit de broderie, de peinture ou de sculpture, c'est la matière qui est l'accessoire. Que si la séparation peut s'effectuer sans inconvénient, chacun peut l'exiger. Si elle peut avoir lieu, mais seulement en détériorant l'objet accessoire, le propriétaire de la chose principale peut encore exiger la séparation, mais il devra indemniser l'autre, lorsque celui-ci est de bonne foi. Si c'est le propriétaire de l'objet accessoire qui l'a réuni à l'objet principal et s'il est de mauvaise foi, il perd tous ses droits et doit indemniser de tout préjudice ; si c'est l'autre propriétaire qui a fait la jonction de mauvaise foi, le premier aura droit à la valeur de son bien et à des dommages-intérêts, et même à la séparation des objets, quand bien même la destruction de l'objet principal en résulterait. Si, au contraire, la jonction a eu lieu au su et sans opposition des deux propriétaires, le règlement se fera d'après la théorie ci-dessus de l'accessoire. Lorsqu'un des propriétaires a droit à une indemnité, il peut demander, à la place, qu'on lui fournisse une chose pareille ou sa valeur fixée par experts. Il résulte de ces diverses règles que le cas de l'adjonction est réglé successivement : 1° par l'idée de la bonne ou de la mauvaise foi de l'un ou de l'autre des propriétaires ; 2° par celle de la séparation possible ou impossible ; 3° par celle de l'accessoire et du principal.

La confusion et le mélange donnent lieu aux dispositions suivantes : si de concert ou par hasard on les opère et si la séparation n'est pas possible sans dommage, chaque propriétaire a dans l'objet total un droit proportionnel ; il en est de même s'ils ont lieu par la volonté d'un seul, mais de bonne foi, à moins que l'autre propriétaire ne préfère des dommages-intérêts. Enfin, en cas de mauvaise foi, celui qui a agi ainsi perd sa part, sans préjudice des dommages-intérêts qu'il pourra devoir.

Quant à la spécification, celui qui a employé de bonne foi la matière d'autrui deviendra propriétaire du tout, lorsque le mérite artistique dépassera la valeur de la matière, valeur qu'il paiera au propriétaire de celle-ci. Dans le cas contraire, le propriétaire de la matière sera préféré, mais devra payer la plus-value, moins les dommages-intérêts auxquels il peut avoir droit. En cas de mauvaise foi du spécificateur, le propriétaire de la matière garde le tout sans rien payer, ou peut exiger qu'on lui paie le prix de la matière.

De la Possession. — Le possesseur est présumé propriétaire. Le possesseur actuel qui prouve avoir possédé dans un temps antérieur est réputé l'avoir fait dans le temps intermédiaire. Est possesseur de bonne foi celui qui possède ou qui croit raisonnablement posséder en vertu d'un titre suffisant pour transmettre la propriété, ou dont le titre est vicieux, mais qui en ignore les vices ; cette ignorance est présumée. La bonne foi est présumée aussi dans la possession. Elle fait acquérir les fruits tant qu'elle dure ; lorsqu'elle a cessé, le possesseur peut encore les percevoir, mais doit les restituer. Les fruits s'acquièrent par la perception, ou jour par jour, suivant qu'ils sont naturels ou civils. En les restituant, le possesseur de bonne foi peut se faire bonifier ses impenses, avec les intérêts du jour où il les a faites. Au contraire, celui qui a acquis la possession par violence doit restituer, non seulement les fruits perçus, mais aussi ceux qu'il a négligé de percevoir. Quant au simple possesseur de mauvaise foi, qui peut montrer un titre translatif de propriété, il ne devra restituer que les fruits perçus, à moins qu'il n'ait acquis une chose aliénée par contrainte ou crainte ou contre les prohibitions du Code, auquel cas il sera assimilé à l'usurpateur. Tout possesseur a droit à la bonification des impenses nécessaires, mais le droit de rétention n'appartient qu'à celui de bonne foi. Les dépenses utiles doivent être bonifiées à ce dernier, et un droit de rétention existe en sa faveur, mais non au profit de celui de mauvaise foi, celui-ci peut seulement enlever l'amélioration obtenue si cela est possible sans causer de dégradation. Une troisième classe de dépenses est celle des volontaires ou voluptuaires, elles ne doivent être bonifiées à aucun possesseur ; cependant celui de bonne foi a le droit d'enlever, si possible, l'amélioration faite. Quant à la perte de la chose, elle n'est pas à la charge du possesseur de bonne foi, quand bien même elle serait la conséquence d'un acte volontaire, sauf une obligation *de in rem verso* : le possesseur de mauvaise foi répond, au contraire, de la perte, même par cas fortuit, à moins qu'il ne prouve que la chose, si elle eût été restituée, n'en eût pas moins péri. La possession se perd, lorsqu'une autre personne possède pendant plus d'un an, à partir du jour où cette nouvelle possession a été publique ou individuellement connue. L'action en réintégrande est annale : pour l'intenter, il faut avoir soi-même la possession annale, à moins que celui qui nous a dépouillé n'ait pas lui même une possession meilleure. Une possession est meilleure qu'une autre lorsqu'elle se fonde sur un titre légitime, ou à défaut, lorsqu'elle est plus ancienne ; à défaut de cause de préférence, l'objet est mis sous séquestre. Le possesseur violent est toujours présumé de mauvaise foi. Ces règles sont tirées du droit romain pour la plupart, elles ne diffèrent pas essentiellement de celles du droit français, mais elles ont le mérite d'avoir été législativement fixées, d'être plus détaillées et d'empêcher plus de controverses.

De l'Usufruit. — Lorsque l'usufruit est constitué au profit de plusieurs personnes successivement, la part du décédé accroît au survivant, même après le décès du disposant, mais il faudra, pour y avoir droit, avoir existé au moment où a commencé le droit du premier usufruitier. L'usufruit est viager, à moins de dispositions contraires. Les créanciers de l'usufruitier peuvent saisir l'usufruit. L'usufruitier peut exercer toutes les actions réelles, personnelles ou possessoires, et doit être avisagé dans tous les procès concernant la propriété. Le propriétaire et lui ne se doivent point réciproquement de bonifications pour labours ou semences relatifs aux fruits pendants au commencement ou à la fin de l'usufruit. Comme chez nous, les fruits civils s'acquièrent jour par jour. Les produits des mines ouvertes au commencement de l'usufruit n'appartiennent pas à l'usufruitier, à moins que l'usufruit n'ait été constitué à titre universel ; mais si l'usufruitier découvre la mine pendant le cours de l'usufruit, il la fait entièrement sienne ; si c'est un tiers ou le propriétaire lui-même, l'usufruitier n'a droit qu'à une indemnité pour emprise du sol. L'usufruit est susceptible d'hypothèque et même de servitudes, pourvu que celles-ci ne dépassent pas sa durée. Lorsqu'il s'agit d'un bois taillis, l'usufruitier peut faire les coupes ordinaires, mais il ne peut toucher aux hautes futaies, si ce n'est pour des réparations. Les améliorations faites par lui ne donnent lieu à aucune récompense. L'usufruitier doit faire inventaire et fournir caution ; le donateur avec réserve d'usufruit n'a pas cette dernière obligation, de laquelle, du reste, le constituant par acte à titre onéreux peut dispenser. L'usufruitier d'un troupeau remplacera les têtes manquantes à moins de perte totale, et celui d'arbres fruitiers, les pieds qui périssent. L'usufruitier à titre gratuit doit faire les réparations nécessaires qui ne sont pas causées par vice intrinsèque ou vétusté. Si, au contraire, la constitution a eu lieu à titre onéreux, c'est le propriétaire qui doit faire toutes les réparations nécessaires à la jouissance ; cependant l'usufruitier peut en faire l'avance jusqu'à la fin de l'usufruit, mais devra dans ce cas en aviser le propriétaire, l'aviser en tous cas, de la nécessité de la réparation. Si le propriétaire fait des dépenses nécessaires, il a le droit de se faire bonifier les intérêts. Celui qui, à titre successoral et universel, recueille un usufruit doit payer les legs de rente viagère ou de pension alimentaire, en proportion de l'étendue de son usufruit, mais l'usufruitier à titre particulier ne doit payer ni le capital ni les intérêts de la dette hypothécaire grevant l'objet à lui légué, et alors, en cas de vente de cet immeuble, le nu-propriétaire doit le récompenser de la perte qui en est résultée pour lui. L'usufruitier d'une succession peut faire l'avance des dettes et s'en faire rembourser à la fin de l'usufruit sans intérêts ; s'il ne veut pas faire cette avance, le nu-propriétaire pourra faire vendre jusqu'à concurrence des dettes à payer : si celui-ci préfère faire la dépense de ses deniers, l'usufruitier lui en devra les intérêts jusqu'à l'extinction de son usufruit. Les frais des procès relatifs à l'usufruit sont à la charge du propriétaire ou de l'usufruitier, suivant que la constitution a eu lieu à titre onéreux ou à titre gratuit ; si le procès intéresse à la fois la propriété et l'usufruit, il en est fait une répartition proportionnelle en cas de constitution à titre gratuit, mais les obligations de l'usufruitier de ce chef ne pourront dépasser ce que produit l'usufruit. Si l'usufruitier a plaidé sans mettre en cause le nu-propriétaire, la sentence profite à ce dernier, mais ne peut lui nuire.

Les seuls cas intéressants d'extinction de l'usufruit sont la consolidation, la perte de la chose, l'échéance d'un terme maximum. Celui constitué au profit des corporations ou des sociétés ne dure que trente ans, expire plus tôt, lors de la dissolution de la société ; celui constitué jusqu'à ce qu'un tiers atteigne un âge fixé continue à courir, si ce tiers prédécède. L'usufruit d'un édifice s'éteint complètement en cas d'incendie, il ne persiste même pas sur les matériaux ni sur le sol, cependant il en est autrement si cet édifice constitue les bâtiments d'une ferme ou d'un *rancho*, ce n'est plus alors que la partie d'un tout. Que si l'édifice vient à être reconstruit par le nu-propriétaire ou l'usufruitier, les rapports respectifs des deux sont réglés comme dans le cas de réparations. L'empêchement temporaire par force majeure n'éteint pas l'usufruit, même l'usufruitier a droit aux fruits courants ou échus pendant cette période. En cas d'abus de jouissance, si cet abus est grave, le nu-propriétaire peut redemander la possession des biens, les administrer moyennant salaire, fournir caution, et remettre à l'usufruitier les produits nets.

DE L'USAGE ET DE L'HABITATION. — L'usage et l'habitation sont réglés à leur tour ; on leur applique, en général, les dispositions édictées pour l'usufruit, en y ajoutant les suivantes. L'usage s'entend des besoins, non seulement de l'usager, mais aussi de sa famille, quand bien même celle-ci viendrait à augmenter. Ces deux droits sont inaliénables, et on ne peut les louer en tout ou en partie ; ils sont aussi insaisissables. L'usage d'un troupeau donne droit au croît, au lait et à la laine jusqu'à concurrence des besoins. Lorsque l'usager n'a pas droit à tous les fruits, il n'a point à supporter les frais de culture, d'entretien, ni les impôts ; dans le cas contraire, il devient un usufruitier à un certain point de vue, et doit les supporter comme tel ; que si cependant les fruits qui restent au propriétaire ne suffisent pas pour couvrir tous les frais, le déficit sera supporté par l'usager.

DES SERVITUDES. — Les servitudes forment plusieurs catégories. Le Code les divise en : 1º celles consistant à faire et celles consistant à laisser faire ; 2º celles urbaines et celles rustiques ; 3º celles apparentes et celles non apparentes ; 4º celles continues et celles discontinues; 5° les positives et les négatives; 6° les légales, les conventionnelles et les testamentaires. Elles sont indivisibles; si l'un des fonds se partage, chacune de ses parties a droit à la servitude ou doit la subir : enfin elles survivent à l'aliénation et passent au nouveau propriétaire.

Les servitudes légales sont régies, en général, par les mêmes règles que les autres. Le Code s'occupe spécialement de plusieurs d'entre elles : de celle des eaux (*de aguas*), de celle de passage et de celle de mitoyenneté (*medianeria*) ; de la distance nécessaire pour les constructions et les plantations, de la servitude de vue, et de celle de gouttière (*desagüe*).

DES SERVITUDES LÉGALES. — En vertu de la première, les fonds inférieurs doivent recevoir les eaux découlant naturellement du fonds supérieur, sans que le le cours puisse être aggravé d'une part ni empêché de l'autre. Si, sur un fonds, il existe des ouvrages pour retenir les eaux, le propriétaire de ce fonds doit faire ou laisser faire ce qui est nécessaire pour empêcher tout dommage aux voisins ; d'ailleurs, tous ceux qui profitent de ces ouvrages doivent contribuer à leur dépense. Celui sur le fonds duquel il existe une source ou qui a capté les eaux pluviales peut en disposer librement; s'il y a un excédent qui descende sur les fonds inférieurs, le propriétaire de ces fonds peut en acquérir la propriété par une possession de vingt années à partir du jour où il a été construit des ouvrages facilitant la chute ou le cours des eaux, ce qui, du reste, ne diminue pas le droit du propriétaire du fonds supérieur d'utiliser entièrement l'eau sur son terrain. L'usage des eaux ne doit pas être exercé de manière à nuire à la navigation. Le propriétaire des eaux doit laisser s'en servir pour les besoins des personnes ou des troupeaux des fermes et même tolérer dans ce but les travaux nécessaires, mais moyennant indemnité, à moins que le droit à cette indemnité ne se trouve prescrit. On ne peut détourner à leur passage le cours des eaux s'il en résulte un dommage pour les voisins. Il est permis de creuser un puits sur son héritage, quoique ce puits diminue le volume des eaux chez celui d'autrui. Une servitude de passage d'eau sur les fonds intermédiaires existe moyennant indemnité, sauf sur les édifices, et sur les cours, jardins et autres dépendances, mais à charge de construire les canaux nécessaires, quand même il en existerait déjà pour le passage d'autres eaux. Si l'aqueduc ou le canal doit traverser un chemin public, ou une rivière, il faudra une autorisation administrative. Celui qui veut user du droit de faire passer ses eaux sur le fonds d'autrui devra justifier de la propriété de ces eaux, établir que le passage demandé est le moins onéreux, payer la valeur de l'estimation de l'emprise de terrain, plus dix pour cent en sus, et indemniser de tous dommages qui en résultent, y compris ceux de la division du fonds servant. Dans le cas où le propriétaire du fonds à traverser offre l'usage des canaux qui y existent déjà, celui qui veut en profiter devra payer, en proportion du volume d'eau qu'il fait passer, la dépense faite, ainsi que la valeur du terrain occupé par ces canaux, et leurs frais de conservation. Quand on veut augmenter la jouissance d'un aqueduc, il faut payer un supplément. Cette servitude entraîne celle accessoire de passage des personnes et des matériaux pour les établissements et les réparations nécessaires ; à la servitude d'aqueduc se rattache celle établie au profit du propriétaire d'un terrain marécageux pour le desséchement du sol et l'écoulement des eaux. Enfin les frais d'entretien des travaux nécessaires pour la servitude d'aqueduc sont à la charge du propriétaire du fonds dominant.

Du Passage. — La servitude de passage en cas d'enclave a lieu moyennant indemnité ; c'est le propriétaire du fonds servant qui choisit le lieu de passage ; si le juge le déclare impraticable ou mauvais pour le fonds dominant, ce propriétaire doit en désigner un autre. Lorsque le passage peut avoir lieu sur le terrain de tel ou de tel propriétaire, on choisira la voie la plus courte. La largeur du passage ne pourra excéder cinq mètres, ni être moindre de deux. Si le passage s'était antérieurement exercé sur un héritage pour accéder au chemin public, il ne pourrait être exigé que sur cet héritage.

De la Mitoyenneté. — La servitude de mitoyenneté existe en matière de murs, s'il est établi que le mur contigu a été construit par les deux voisins, ou si, au contraire, on ignore qui a fait la construction. En dehors de ces cas, on présume encore la mitoyenneté, à moins de signe extérieur contraire : 1° pour les murs entre édifices contigus jusqu'à la hauteur commune ; 2° pour ceux entre jardins ou cours à la ville ou à la campagne ; 3° pour les haies vives ou les palissades qui séparent les fonds ruraux jusqu'à concurrence de la hauteur commune. Il y a signe contraire à la mitoyenneté : 1° lorsqu'il existe des fenêtres ou des cavités ouvertes dans les murs des maisons contiguës ; 2° quand toute la clôture a été construite sur le terrain d'un seul des voisins ; 3° quand le mur soutient la charge des terrains ou appuis d'un seul des héritages; 4° quand celui situé entre des cours, jardins ou autres fonds est disposé de telle manière que le chaperon tombe d'un seul côté ; 5° quand le mur construit en pierres brutes (*mampos-teria*) présente des pierres nommées *pasaderas* qui font saillie d'un seul côté ; 6° quand le mur sépare un édifice dont il fait partie, d'un jardin, d'un champ, d'une cour, non surbâtis; 7° quand un seul des fonds est entouré par des palissades, ou est, au contraire, seul ouvert; 8° quand la clôture qui entoure complètement un héritage est de nature différente de celle de l'héritage voisin du côté contigu. Les fossés ou les canaux creusés entre les deux fonds sont aussi présumés mitoyens, à moins de signes contraires ; il y a des signes contraires, lorsque la terre extraite du fossé est rejetée d'un seul côté ; mais cette présomption disparaît quand l'inclinaison du sol ne permettait de rejeter la terre que de ce côté. La réparation et la construction de tous les objets mitoyens sont à la charge de chacun proportionnelle- ment ; mais on peut s'en décharger en renonçant à la mitoyenneté, à moins que le mur mitoyen ne soutienne un édifice commun. Tout propriétaire peut surhausser le mur mitoyen à ses frais, en réparant les dommages et en faisant à l'avenir les travaux nécessaires à la conservation de la partie surhaussée ou élargie ; il devra donner la force nécessaire à la partie in- férieure du mur, laquelle restera mitoyenne en son entier ; les copropriétaires pourront ensuite acquérir, en la payant, la mitoyenneté de la surcharge. Chaque copropriétaire du mur mitoyen peut construire en ap- puyant sur ce mur, et y introduire des poutres jusqu'au milieu de son épaisseur. Le Code prévoit ensuite un autre genre de mitoyenneté: le cas où chaque étage d'une maison appartient à différents propriétaires; il règle leurs obligations et leurs droits dans les mêmes termes que le Code civil français.

Des Distances. — Quant à la distance nécessaire pour certaines constructions et plantations, le Code mexicain rappelle d'abord les servitudes dans ce sens, résultant du droit public, puis pour le droit privé, il s'en réfère aux divers usages et règlements. Il s'occupe spécialement des arbres et des branches. Pour les plantations, la distance est de deux mètres ou d'un mètre, suivant que les arbres sont à haute ou à basse tige. Quant aux branches, si elles s'étendent sur le sol voisin, on a le droit de réclamer qu'elles soient coupées. Quant aux racines, on peut les couper soi-même. Les arbres existant dans une haie mitoyenne sont mitoyens aussi, et chacun des propriétaires peut exiger qu'ils soient abattus, à moins que ces arbres ne servent de bornes.

Des Vues et Jours. — La servitude légale s'applique aussi aux vues et jours sur le terrain d'autrui. On ne peut établir de fenêtre ou de cheminée dans un mur mitoyen; le propriétaire d'un mur non mitoyen, mais contigu peut, au contraire, en avoir, mais à une hauteur telle que la partie inférieure de l'ouverture soit élevée au-dessus de l'étage éclairé de trois mètres au moins et pourvu qu'elle soit garnie d'une grille de fer attachée au mur et d'un réseau de fils de fer dont les mailles aient au moins trois centimètres, ce qui n'empêche pas le maître de l'héritage voisin de pouvoir adosser à ce mur un autre mur de son côté, ou s'il acquiert la mitoyenneté, d'appuyer ses constructions contre le mur devenu mitoyen. On ne peut suspendre de balcons en saillie sur le sol d'autrui. Quant aux vues obliques, elles doivent être distantes de six décimètres, qui se comptent à partir de la ligne séparative.

DES GOUTTIÈRES. — La dernière servitude légale est celle dite *de desagüe*. Il s'agit des toits et terrasses, on doit les établir de manière que les eaux ne s'écoulent pas par le sol voisin. Cependant quand un héritage rural ou urbain est enclavé, sans aboutir à aucun chemin ni canal, les voisins doivent permettre le passage.

DES SERVITUDES VOLONTAIRES. — Pour constituer une servitude volontaire, il faut la même capacité que pour aliéner ; un communiste ne peut en établir sans le consentement de ses coïndivisaires. Si un seul des propriétaires du fonds dominant en a stipulé une, elle profite à tous les autres. Les servitudes s'acquièrent aussi par prescription, sauf les continues non apparentes, et les apparentes non continues. Pour celles-là, il faut un titre écrit. Ce titre peut être suppléé par l'existence d'un signe apparent établi ou maintenu par celui qui était d'abord propriétaire des deux fonds, lorsque ces fonds viennent ensuite à appartenir à différentes personnes, à moins de clause contraire dans l'acte d'aliénation ; c'est la destination du père de famille. Le propriétaire du fonds dominant peut faire à ses frais tous les travaux nécessaires à l'exercice de la servitude. Si c'est le propriétaire du fonds servant qui a assumé cette obligation, il peut s'en libérer en abandonnant la propriété. Il peut aussi faire changer l'assiette de la servitude, si elle devient trop gênante. Il peut enfin exécuter les travaux qui la rendent moins onéreuse pour lui. Le doute se résout en faveur du fonds servant. En cas de partage du fonds dominant, chacun a droit à la servitude.

DE L'EXTINCTION DES SERVITUDES. — L'extinction des servitudes volontaires et de celles légales a lieu par suite de la confusion, du non-usage, d'un état matériel qui en rend l'exercice impossible, par la remise et par l'arrivée du terme ou de la condition. En cas de consolidation, si celle-ci vient à cesser, la servitude ne revit pas, excepté lorsqu'il existe un signe apparent. Le non-usage, pour être extinctif, doit durer dix ans, en cas de bonne foi, quinze ans, en cas de mauvaise foi, lorsqu'il s'agit de servitudes continues et apparentes, et se compte à partir du jour où le signe apparent a disparu. Il doit durer vingt ans en cas de bonne foi, et trente ans en cas de mauvaise foi, lorsqu'il s'agit de servitudes discontinues ou non apparentes, et le délai part du jour où le maître du fonds servant a fait un acte contraire à la servitude ou a empêché de l'exercer. Il faut la réunion de ces deux conditions, non-usage d'une part, acte contraire ou prohibition de l'autre, pour que la prescription libératoire puisse courir. Si la servitude est devenue impossible par l'état des fonds, et si plus tard elle redevient possible, elle renaîtra, lorsque l'intervalle n'aura pas duré le temps de la prescription. Le mode d'usage de la servitude peut se prescrire aussi. Si le fonds dominant appartient à plusieurs indivisaires, la jouissance des uns conserve le droit des autres. De même, si la prescription ne peut courir du chef de l'un d'eux, elle ne courra pas non plus contre les autres. Les servitudes légales d'utilité publique ou communale sont soumises à une prescription spéciale, celle de vingt ans, lorsque l'on prouve que pendant ce temps celui qui y avait droit a acquis ailleurs une servitude identique. Si le fonds servant et le fonds dominant se réunissent entre les mains du même propriétaire, la servitude s'éteint, mais elle revit en cas de séparation nouvelle, même quand il n'existe entre eux aucun signe apparent de servitude. La servitude légale de jours ou de vue peut s'éteindre aussi par le non-usage, mais en ajoutant les conditions suivantes. Si le propriétaire du fonds dominant ferme volontairement la fenêtre ou le jour, il ne pourra plus l'ouvrir lorsque se sera écoulé le temps voulu pour la prescription des servitudes continues et apparentes ; si la clôture de la fenêtre a été faite par le propriétaire du fonds servant, ainsi qu'il en a le droit, le propriétaire du fonds dominant peut en ouvrir une autre ailleurs et si l'obstruction de la première vient à cesser, il recouvre son droit. Le propriétaire du fonds servant, dans une servitude légale, peut aussi s'en libérer conventionnellement dans certaines conditions : lorsque le droit appartient à toute une commune, il faut le consentement du maire, cependant la convention produira effet même sans cela, contre chacun des habitants qui y aura renoncé ; si la servitude consiste en un usage public, la convention devient absolument nulle ; s'il s'agit de celle de jour ou de vue, la renonciation est considérée comme l'établissement d'une servitude contraire de ne pas faire contre l'ayant-droit primitif, et l'héritage servant se trouve converti en héritage dominant ; s'il s'agit d'une servitude de passage ou de *desagüe*, cette condition est sous-entendue, que la convention sera approuvée par tous les propriétaires voisins, et il faudra que les règlements de police soient observés.

De la Prescription. — La prescription occupe dans les Codes des diverses nations des places différentes, mais peu logiques. Au fond, elle ne saurait être dans une législation rationnelle, si tant est qu'une telle législation dût la conserver, qu'un mode d'extinction de la preuve ; elle ne peut éteindre le droit lui-même qu'obliquement et indirectement, car dans le cas contraire, ce serait manifestement consacrer l'usurpation. Le Code français est allé jusque là, ainsi du reste que le droit romain, en faisant de l'usucapion un mode d'acquérir. Le Code mexicain a commis une erreur de même genre, quant à la définition, puisqu'il déclare dans son article 1059, que la prescription est un mode d'acquérir ou de se libérer. Quant à la place qu'il lui donne, elle est aussi peu logique. Il la comprend au titre des biens et de la propriété, quoiqu'elle ne puisse rentrer ni dans l'une ni dans l'autre de ces catégories, si c'est un mode d'acquérir. Cela prouve l'embarras du législateur de classer une institution, qui, pour la plus grande partie au moins, aurait dû disparaître.

Le Code pose d'abord des principes généraux. La prescription est acquisitive ou libérative ou plutôt, suivant la terminologie adoptée, *positive* ou *négative*. Elle ne s'applique qu'aux objets qui sont dans le commerce. On ne peut renoncer d'avance à la prescription positive, on peut renoncer, au contraire, à la servitude négative ; mais cette dernière renonciation a seulement pour résultat de doubler le temps de la prescription, avec cependant un maximum de trente années, et le le délai part du jour de sa date. Voilà une disposition toute nouvelle, inconnue dans notre droit. Quant à la prescription qui a commencé son cours ou qui est accomplie, on peut toujours y renoncer, mais cette renonciation est considérée comme une donation et soumise aux règles particulières de celle-ci. La renonciation à la prescription peut n'être que tacite. Celui qui ne peut aliéner, ne peut renoncer à une prescription en cours ou accomplie. Les créanciers et tous les intéressés peuvent la faire valoir du chef de l'ayant-droit, malgré la renonciation de celui-ci. Celui qui possède au nom d'autrui ne peut prescrire à son propre profit, à moins d'interversion de la cause de la possession : il faut pour cette interversion bonne foi et juste titre. Les indivisaires en possession ne peuvent prescrire les uns contre les autres. La prescription au profit d'un codébiteur solidaire ne profite pas aux autres, excepté lorsque le temps exigé court de la même manière en ce qui concerne chacun d'eux ; mais le créancier ne peut demander paiement aux autres que déduction faite de la part prescrite. La prescription acquise au débiteur principal profite aux cautions. La jonction des possessions est admise dans le but de prescrire.

Le Code traite ensuite successivement de la prescription positive et de la négative.

DE LA PRESCRIPTION POSITIVE. — Pour la prescription *positive*, il faut réunir les conditions suivantes : 1° le juste titre; 2° la bonne foi; 3° la possession paisible, continue et publique. Il faut établir le juste titre, mais la bonne foi se présume ; elle n'est nécessaire qu'au commencement de la possession. Il suffit que la violence cesse pour que l'on commence à posséder utilement. Pour que la possession soit publique, il suffit qu'elle soit connue de ceux qui ont intérêt à l'interrompre. En ce qui concerne les immeubles, le temps de la prescription est de vingt ans, en cas de bonne foi, et de trente en cas de mauvaise foi ; pour les meubles, il est de trois ans, en cas de bonne foi et de juste titre ; de dix ans, dans le cas contraire, mais alors le juste titre et la bonne foi se présument toujours.

Si le meuble a été perdu, ou acquis au moyen d'un délit et a passé à un tiers de bonne foi, le délai sera de quatre ans.

DE LA PRESCRIPTION NÉGATIVE. — La prescription *négative* ne dépend pas de la bonne foi, elle s'accomplit par un laps de vingt ans depuis l'exigibilité, sauf la dette alimentaire, laquelle est imprescriptible. Une disposition empruntée aux particularités du droit romain est l'admission de l'exception *non numeratæ pecuniæ*, laquelle est opposable pendant deux ans en cas de reconnaissance écrite de la dette ; si elle est opposée, c'est le créancier qui doit prouver l'existence de sa créance. La prescription négative de trois ans s'applique : 1° aux honoraires des avocats, arbitres, notaires, mandataires et avoués ; 2° à ceux des chefs de maisons d'éducation et aux professeurs d'art ou de science ; 3° à ceux des médecins, chirurgiens et sages-femmes ; 5° aux salaires de prestations, de services personnels, et à la créance des marchands pour vente à des non-commerçants ; 6° à celle des artisans pour le prix de leur travail ; 7° à celle des aubergistes, ou des traiteurs ; 8° à la responsabilité civile, pour injures verbales ou par écrit, et pour dommages causés par les personnes ou par les animaux. Le Code, dans les articles 1205 et suivants, fixe les points de départ de chacune de ces prescriptions ; elles partent du jour de l'exigibilité, et lorsqu'il s'agit de services continus, de celui de la cessation du service ; en cas d'injures, de celui où cette injure a été connue. La prescription de cinq ans s'applique aux arrérages des rentes emphytéotiques ou à cens, aux loyers ou revenus, du jour de l'échéance de chacun d'eux. La prescription du capital des obligations ne commence à courir que du jour du terme d'échéance, ou s'il n'y a pas de terme, de celui du dernier paiement des intérêts. L'obligation de rembourser le capital dans le cens consignatif se prescrit par vingt ans du jour de l'exigibilité. Dans le bail emphytéotique, le nu-propriétaire ne peut prescrire contre l'emphytéote, ni celui-ci contre le propriétaire, que par un laps de vingt ans à partir de l'interversion de la possession.

De la Suspension. — La suspension de la prescription donne lieu à des dispositions toutes nouvelles. En ce qui concerne les mineurs et les autres incapables il y a de nombreuses distinctions. D'abord, elle est absolument impossible tant qu'ils ne sont pas munis de tuteurs. S'ils en ont un, on distingue entre les prescriptions de vingt ans au plus et les supérieures. Les premières continuent de courir contre les mineurs si elles avaient déjà commencé contre la personne dont ils tiennent leurs droits. Les secondes, c'est-à-dire celles de plus de vingt ans, courent contre les majeurs de 18 ans. Quant aux déments, toute prescription contre eux est impossible, à moins qu'elle n'ait déjà commencé à courir. Au contraire, la prescription court contre le prodigue. Elle est suspendue, mais d'une manière relative : 1º entre les ascendants et les descendants pendant la durée de la puissance paternelle ; 2º entre les époux ; 3º entre les incapables, et leurs tuteurs et curateurs ; 4º contre les absents de la République pour cause de service public; 5º contre les militaires pendant le service actif en temps de guerre, même à l'intérieur. Enfin un tiers ne peut prescrire contre la femme mariée : 1º relativement aux biens dotaux, à moins que la prescription ne fut commencée avant le mariage ; 2º relativement aux immeubles de communauté, aliénés par le mari sans le consentement de la femme ; 3º lorsque l'action de la femme contre le tiers aurait une répercussion contre le mari.

De l'Interruption. — Il y a interruption de la prescription : 1º par la privation de la possession pendant un an ; 2º par une demande en justice notifiée au possesseur ou au débiteur, ou par une saisie ; 3º par une saisie judiciaire ou mise des biens sous main de justice en vertu de décisions provisoires à partir du jour de ces actes, si l'on introduit la demande en justice dans le délai fixé pour chaque cas par le Code de Procédure civile, ou à défaut, dans celui d'un mois ; il n'est pas nécessaire alors que l'assignation ou la mise sous séquestre ait eu lieu dans le délai de la prescription ; 4º par une reconnaissance verbale, écrite, ou tacite. L'interruption faite contre un des débiteurs solidaires a effet contre tous les autres ; si cependant le créancier a consenti à la division de la dette au profit de l'un d'eux ou a exigé de celui-ci sa part, l'interruption n'atteindra pas les autres. Il en est de même en ce qui concerne les héritiers d'un débiteur, même non solidaire. Cette disposition est remarquable ; elle semble établir une solidarité de plein droit entre les héritiers. L'interruption contre le débiteur principal est opposable à la caution. De même, l'interruption par l'un des créanciers solidaires profite à tous les autres.

Le temps de la prescription se compte par années ou par mois de quantième en quantième ; les jours sont de vingt-quatre heures: celui du commencement se compte comme s'il était entier ; au contraire, celui de la fin doit être achevé. Si le dernier jour est férié, il faut pour la prescription un jour de plus.

Du Travail. — Sous ce titre, le Code Mexicain traite, avec le plus grand détail et d'une manière toute nouvelle, de la propriété littéraire, dramatique et artistique, et accessoirement du contrat d'édition. Le législateur de ce pays a eu le premier le mérite de renfermer ce sujet dans le cadre du Code civil, d'assimiler par cet ordre même cette propriété à celle de droit commun et de lui assigner, en même temps, une place très logique. Cette propriété, en effet, est une variante de la propriété ordinaire de laquelle il est traité au présent livre, et les objets sur lesquels elle porte devaient être classés dans la nomenclature des différents biens. Régir la propriété littéraire par des lois spéciales et administratives, c'est lui imprimer ce caractère de concession auquel elle est de plus en plus réfractaire. La conséquence a été une assimilation plus complète de la propriété des objets immatériels à celle des objets matériels, une réglementation plus hardie et plus intégrale et un plus grand souci de rigoureuse justice. La rubrique seule est mal appropriée. Il ne s'agit pas ici du contrat de travail dont il sera question plus loin, mais du résultat du travail, de la propriété de ce résultat lui-même, lorsque l'homme a créé de toutes pièces ou pour la plus importante partie. L'article 1246 érige ce principe, qu'à moins de dispositions contraires, cette propriété est réglée en tous points comme celle ordinaire.

Le Code mexicain distingue la propriété littéraire, celle dramatique et celle artistique, il en établit les conditions, en définit et en punit les contrefaçons, indique enfin les mesures de publicité qui les rendent opposables aux tiers.

De la Propriété littéraire. — Le droit de propriété littéraire s'applique à l'œuvre manuscrite aussi bien qu'à celle déjà publiée; il ne concerne les discours prononcés dans les assemblées politiques que lorsqu'ils ont été imprimés, ou publiés par un moyen analogue, copies, manuscrits, lithographies, et lorsqu'on veut en former un recueil. Les lettres missives ne peuvent être publiées que du consentement de l'envoyeur et du destinataire, à moins que cela ne soit nécessaire pour la preuve ou la défense d'un droit, ou lorsque l'intérêt public ou l'avancement des sciences l'exige. La durée du droit s'étend à toute la vie de l'auteur et ensuite passe à ses héritiers, aux termes de l'article 1138; il en résulte que ce droit est perpétuel. L'auteur ou ses héritiers peuvent céder leur propriété comme tout autre droit, et les cessionnaires leur sont entièrement subrogés. Lorsque la cession est faite pour un temps limité, le droit revient ensuite au cédant. Les héritiers et cessionnaires jouissent de la même manière des œuvres posthumes. L'éditeur d'une telle œuvre dont l'auteur est connu, s'il n'est pas l'héritier ni le cessionnaire de cet auteur, aura droit à la propriété pendant trente ans. Les mêmes règles s'appliquent aux œuvres anonymes et pseudonymes. La cession n'empêche pas l'auteur, lorsqu'il a fait ensuite des modifications essentielles, de publier l'œuvre ainsi modifiée: dans ce cas, le juge consultera des experts nommés par chacune des parties. Les académies et autres corps savants ont, pendant vingt-cinq ans, la propriété des œuvres qu'ils publient. Si une encyclopédie, un dictionnaire, une revue, sont composés par différentes personnes dont les noms sont connus, mais qui ne signent pas séparément chaque article, la propriété du tout est indivise: si l'un de ces auteurs meurt sans laisser d'héritiers ou de cessionnaires, sa part accroît aux autres: lorsqu'au contraire, les auteurs de chacun des articles sont connus ou peuvent l'être, chacun a la propriété divise de sa part, mais l'œuvre dans son ensemble ne pourra être publiée sans le consentement de la majorité. Le Code prévoit ensuite un autre cas, celui où l'ouvrage composé par plusieurs est entrepris ou publié par un seul ou par une corporation, ceux-ci auront la propriété du tout, mais chaque auteur pourra publier à nouveau son œuvre propre, soit séparément, soit collectivement: mais l'éditeur ne pourra la publier ainsi sans le consentement de l'auteur. Dans les journaux politiques, les articles scientifiques, littéraires ou artistiques peuvent faire seuls l'objet d'une propriété, qu'ils soient originaux ou traduits: mais toute personne qui reproduira les autres articles devra en indiquer la source, même citer le numéro du journal. L'auteur peut se réserver le droit de traduction: il doit exprimer s'il le fait pour celles en toutes langues ou pour celles en quelques-unes seulement. Le traducteur, si l'auteur ne s'est pas réservé le droit de traduction, ou s'il le lui a cédé, a un droit propre sur sa traduction, mais il ne pourra empêcher une autre personne de traduire à son tour, à moins que la cession ne l'ait stipulé. Les auteurs qui ne résident pas au Mexique et qui publient à l'étranger, auront ce même droit, mais pendant dix ans seulement. On ne peut reproduire l'œuvre d'autrui, sous prétexte de l'annoter, de la corriger ou de l'augmenter, mais on peut publier séparément ces annotations et acquérir un droit privatif sur elles. On ne peut non plus faire un extrait ou un abrégé sans le consentement de l'auteur, à moins que l'abrégé ne soit d'une telle importance qu'il constitue une œuvre nouvelle ou qu'il n'y ait utilité publique, auquel cas le gouvernement peut ordonner son impression moyennant une indemnité qui s'élèvera de quinze à trente pour cent du produit net de toutes les éditions. L'éditeur d'un ouvrage déjà tombé dans le domaine public n'en a la propriété qu'au cours de son édition et pendant un mois en sus, et il ne peut empêcher d'autres éditions de s'imprimer à l'étranger. En cas d'œuvre anonyme ou pseudonyme, l'éditeur aura tous les droits d'un auteur, à moins que l'auteur véritable ne prouve sa propriété, dans ce dernier cas, celui-ci reprendra les exemplaires existants ou leur estimation. Celui qui publie pour la première fois un manuscrit dont il est le légitime possesseur, aura les mêmes droits qu'un auteur. La propriété littéraire ne s'applique pas aux lois, ordonnances, etc., mais on ne peut en faire des recueils sans le consentement de l'État. Dans les cas spéciaux ci-dessus, la propriété littéraire n'est pas perpétuelle, sa durée se compte de la date de l'ouvrage, et en cas d'incertitude sur ce point, du premier janvier qui suit l'année de la publication du dernier volume.

De la Propriété dramatique. — La propriété dramatique est le droit de représentation scénique, elle est distincte de la propriété littéraire, mais peut concourir avec celle-ci sur le même ouvrage; sauf convention contraire, la propriété littéraire sur une œuvre scénique, entraine, du reste, sa propriété dramatique. La durée n'est pas la même pour les deux; tandis que la propriété littéraire est perpétuelle, la propriété dramatique ne dure que trente ans après le décès de l'auteur, au profit de ses héritiers ou de ses cessionnaires ; passé ce délai, elle tombe dans le domaine public, mais non la propriété littéraire correspondante. Ne peut être saisie par les créanciers d'une entreprise la part revenant à l'auteur dans le produit des représentations. Celui-ci conserve le droit de faire dans son œuvre tous les changements qu'il estime nécessaires, sans cependant l'altérer d'une manière essentielle. L'impresario ne peut communiquer à personne l'œuvre manuscrite. S'il ne représente pas l'œuvre dans les conditions et au temps convenus, le contrat sera résolu; si ce contrat ne fixe pas de délai, l'auteur pourra retirer sa pièce au bout d'un an d'omission de représentation; il le pourra aussi si les représentations sont interrompues pendant cinq ans. Les œuvres posthumes ne peuvent être jouées sans le consentement des héritiers ou des cessionnaires qui auront les mêmes droits que pour les autres ouvrages; quant à l'éditeur, il n'aura la propriété dramatique que pendant vingt ans. Celui d'une œuvre anonyme ou pseudonyme l'a pendant trente ans, mais si l'auteur, ses héritiers ou cessionnaires justifient de leurs droits, ceux-ci recouvrent leur propriété. Dans le cas d'œuvre dramatique composée par différentes personnes, chacune a le droit de permettre la représentation, sauf clause contraire, ou pour juste cause approuvée par l'autorité publique; les héritiers ou les cessionnaires auront le même droit: s'ils sont plusieurs, c'est la majorité qui décidera; dans le même cas, si l'un des auteurs meurt sans laisser d'héritiers ni de cessionnaires, la propriété accroît aux autres, mais la part du produit des représentations qui devait revenir au défunt sera employée en subventions aux théâtres. La cession de la propriété dramatique n'emporte pas celle de la propriété littéraire du même ouvrage. Il faut appliquer au traducteur les mêmes dispositions qu'à l'auteur, et en général, à la propriété dramatique toutes les règles de la propriété littéraire.

DE LA PROPRIÉTÉ ARTISTIQUE. — La propriété artistique appartient : 1° aux auteurs de plans et cartes géographiques, topographiques, scientifiques, architectoniques et des dessins de toutes sortes; 2° aux architectes; 3° aux peintres, graveurs, lithographes et photographes ; 4° aux sculpteurs, tant pour l'ouvrage exécuté, que pour les modèles et les moules; 5° aux musiciens; 6° aux calligraphes. On applique à la reproduction de l'œuvre les règles de la propriété littéraire. Quant aux compositions musicales, elles suivent celles de la propriété dramatique. L'auteur de la musique est traité comme celui du livre; un contrat doit intervenir entre eux. L'auteur peut reproduire ou faire reproduire tout ou partie de ses œuvres par un procédé identique ou différent et à la même ou à une autre échelle. L'artiste qui exécute une œuvre qui doit être faite uniquement par lui n'a pas le droit de la reproduire dans un art similaire. La possession d'un modèle de sculpture fait présumer le droit de reproduction, quoiqu'elle ne confère pas seule ce droit.

DE LA CONTREFAÇON. — Le Code Mexicain indique ensuite les conditions dans lesquelles se produit la contrefaçon, et à quels actes elle s'applique. Elle existe lorsque, sans le consentement du propriétaire légitime, on publie des livres, discours, leçons ou articles originaux ou leurs traductions, ou lorsqu'on représente des œuvres dramatiques, ou si l'on exécute des œuvres musicales, ou si l'on publie ou reproduit celles artistiques, par un procédé identique ou différent. Elle peut consister aussi à omettre le nom de l'auteur ou du traducteur, à changer le titre de l'ouvrage ou à altérer ou modifier une partie du texte, à publier un plus grand nombre d'exemplaires que celui qui avait été convenu, à reproduire une œuvre d'architecture pour laquelle il faut pénétrer à l'intérieur des constructions, à publier ou exécuter un morceau de musique extrait de plusieurs autres, à arranger une composition musicale pour des instruments isolés, à faire les publications, reproductions et représentations en dehors des conditions ou des époques voulues. Il n'y a pas besoin toujours que la contrefaçon soit réalisée; l'annonce d'une représentation suffit, qu'elle porte ou non le nom de l'auteur ou du traducteur. De même, est punissable le commerce des œuvres falsifiées, soit dans le pays, soit à l'étranger, ainsi que la publication interdite en vertu des lois sur la presse. Au contraire, il n'y a pas de contrefaçon dans la citation littérale ou l'insertion de passages d'œuvres déjà publiées, ni dans la reproduction d'articles de revues, dictionnaires ou journaux, avec indication de sources, et sous une étendue restreinte, dans la reproduction de poésies, mémoires, discours, si elle est faite en des études de critique ou d'histoire littéraire ou dans des livres d'éducation. Ne sont pas non plus considérés comme contrefaçon : le recueil de compositions littéraires extraites de divers ouvrages, les additions ou corrections de l'œuvre d'autrui, publiées séparément, la publication des ouvrages d'un auteur décédé sans héritiers ni cessionnaires, ou tombés dans le domaine public, ou des œuvres anonymes ou pseudonymes, la représentation totale ou partielle d'un drame ou d'une œuvre musicale quand elle a lieu sans appareil scénique, soit chez des particuliers, soit dans des concerts publics, mais gratuits, la représentation ou l'exécution des œuvres dramatiques ou musicales, dont les produits sont destinés à la bienfaisance, la publication des livrets d'opéras ou de musique, la traduction d'œuvres déjà publiées, la reproduction de celles de sculpture, mais avec des différences qui constituent une œuvre nouvelle, ou lorsque ces œuvres étaient installées sur les places, promenades, et autres lieux publics, la reproduction des peintures, gravures ou lithographies faites en plastique, celle d'un modèle déjà vendu, en cas de différences essentielles, celle d'œuvres d'architecture placées dans des édifices publics ou à l'extérieur de ceux privés, enfin, l'emploi des œuvres artistiques comme modèles pour les produits des manufactures et des fabriques.

DISPOSITIONS PÉNALES. — Les peines qui punissent la contrefaçon au point de vue civil sont établies avec beaucoup de soin. Le contrefacteur paiera au propriétaire tous les exemplaires manquants de l'édition, en lui restituant ceux qui subsistent ; si celui-ci le préfère, il faudra payer le prix de tous ; quant au prix de chacun, il a pour minimum le prix des exemplaires légitimes, non pas celui réduit en cas de souscription, mais celui qui serait fixé, l'œuvre terminée ; si l'on ignore le nombre des exemplaires frauduleux, le contrefacteur devra en payer mille en sus de ceux découverts. Les planches et moules seront détruits. Il en est de même si la contrefaçon a eu lieu à l'étranger. Celui qui fait représenter sans droit des œuvres dramatiques ou exécuter des compositions musicales doit payer au propriétaire le produit total, sans pouvoir en déduire les frais. Le propriétaire peut empêcher la représentation ou l'interrompre. Les copies et les partitions sont détruites. Si la contrefaçon a eu lieu à l'étranger, le vendeur est responsable. Les acteurs et les artistes échappent à toute responsabilité civile. Dans tous ces procès, c'est le tribunal du domicile du propriétaire qui est seul compétent. Enfin, l'autorité publique peut d'office faire suspendre l'exécution d'une œuvre dramatique, la séquestrer et opérer la saisie du produit de la contrefaçon.

DISPOSITIONS ADMINISTRATIVES. — Sous le titre de dispositions générales, le Code Mexicain indique quelles formalités doivent être remplies pour acquérir la propriété intellectuelle vis-à-vis des tiers. L'auteur d'un livre doit en déposer deux exemplaires, et celui d'une œuvre de musique, gravure ou lithographie, deux aussi ; s'il s'agit d'œuvre d'architecture, de peinture ou de sculpture, on présente un exemplaire du dessin, de l'ébauche ou du plan, en indiquant les dimensions; pour la première catégorie, le dépôt a lieu à la Bibliothèque Nationale et aux Archives générales : pour la seconde, au Conservatoire national et aux Archives générales : pour la troisième, à l'Ecole des Beaux-Arts ; si l'auteur veut garder l'anonyme, il joint un pli fermé, contenant son nom. Au ministère de l'Instruction publique est tenu un registre, et en outre, une publication trimestrielle a lieu dans le *Diario official*, cette inscription emporte présomption de propriété. L'omission du dépôt est punie d'une amende de 25 *pesos*. Le dépôt doit être renouvelé à chaque édition nouvelle, traduction ou reproduction. Il faut remarquer que la propriété littéraire comporte celle dramatique ou d'exécution de la même œuvre ; que s'il s'agit d'une œuvre dramatique ou musicale inédite, le propriétaire prouvera ses droits par les moyens ordinaires. Dans les contrats d'édition, on doit fixer le chiffre du tirage, sous peine de ne pouvoir poursuivre en contrefaçon pour cette cause. Tous auteurs, traducteurs ou éditeurs doivent indiquer leurs noms, la date de la publication et les prescriptions légales utiles sur l'œuvre elle-même, sous peine de déchéance des droits corrélatifs. Lorsqu'un ouvrage a plusieurs auteurs et qu'il y a désaccord entre eux, c'est la majorité qui décide, à moins qu'il ne s'agisse de la représentation d'une œuvre dramatique. Est considéré comme auteur, celui qui fait faire un ouvrage à ses propres frais.

Les ouvrages publiés par le Gouvernement tombent dans le domaine public dix ans après leur publication ; cependant celui-ci peut abréger ou proroger cette période. La propriété littéraire peut s'acquérir par prescription au bout de dix années depuis la date de l'œuvre, et la propriété dramatique au bout de quatre ans à partir de la représentation ou de l'exécution.

EXPROPRIATION POUR CAUSE D'UTILITÉ PUBLIQUE. — Le Code établit une expropriation pour cause d'utilité publique, spéciale à ce genre de propriété. Il édicte par son article 1381 qu'en cas de négligence de l'auteur le Gouvernement peut ordonner la publication, moyennant le paiement d'une indemnité et en suivant les formes de l'expropriation.

TRADUCTION. — Le traducteur d'un ouvrage écrit en une langue étrangère sera considéré comme auteur au regard de sa traduction.

Aucune différence n'existe entre les étrangers et les Mexicains, si l'ouvrage est publié au Mexique; même si un Mexicain ou un étranger résidant au Mexique publient à l'étranger, ils jouiront encore des mêmes droits. Enfin, les auteurs étrangers résidant et publiant à l'étranger pourront aussi les invoquer, s'il y a réciprocité.

LIVRE TROISIÈME

DES CONTRATS

Ainsi que le Code civil français, le Code mexicain traite ici, non seulement des contrats, mais aussi des obligations, non seulement de celles conventionnelles, mais aussi de celles qui dérivent de la loi ou d'un délit. Il s'occupe d'abord de la formation, puis de l'extinction et de la novation des obligations et des contrats, mais non comme le fait indûment notre Code à cette place, de la preuve des droits. Dans un dernier chapitre situé ici, il traite des registres publics, c'est-à-dire de la publicité des droits réels principaux. Voici du reste, la série des titres de ce livre.

Le titre premier s'occupe *des contrats en général*, et après des dispositions préliminaires règle successivement ce qui concerne la capacité des contractants, le consentement mutuel, l'objet des contrats, les clauses qu'ils peuvent contenir, leur forme externe, leur interprétation. Le titre second, *des différentes espèces d'obligations*, traite, en autant de chapitres, des obligations personnelles et réelles, des pures et simples et des conditionnelles, de celles à terme, des conjonctives et alternatives, et de la solidarité ; le titre troisième : *de l'exécution des contrats*, après des dispositions générales, traite successivement de la prestation des faits, de celle des choses, de la responsabilité civile, de l'éviction et de la garantie. Le titre quatrième : *de l'extinction des obligations*, règle successivement le temps, le lieu, les espèces de paiement, les personnes qui peuvent le faire ou le recevoir, les offres et la consignation, la compensation, la subrogation, la confusion, la novation, la cession d'actions, la remise de dettes, la prescription. Le titre cinquième : *de la rescision et de la nullité des obligations*, règle la rescision, la nullité et l'action Paulienne. Avec le titre sixième, on passe des obligations aux contrats, ou plus exactement à chacun de ceux-ci. Ce titre s'applique au cautionnement, le titre 7e au gage et à l'antichrèse, le 8e à l'hypothèque, le 9e aux privilèges, le 10e au contrat de mariage, le 11e à la société, le 12e au mandat, le 13e au contrat de travail, le 14e au dépôt, le 15e à la donation, le 16e au prêt, le 17e aux contrats aléatoires, le 18e à la vente, le 19e à l'échange, le 20e au bail, le 21e à la vente, le 22e à la transaction et enfin le 23e s'occupe des registres publics qu'on a fait rentrer dans ce cadre.

Des Contrats en général. — Le Code mexicain semble confondre le contrat et l'obligation. Il distingue celui à titre onéreux et celui à titre gratuit, l'unilatéral et le bilatéral. On ne peut laisser la validité ou l'exécution d'un contrat à la volonté d'une des parties. Les éléments essentiels sont : la capacité, le mutuel consentement, un objet licite, l'observation des formalités requises. Le serment ne peut produire aucun effet légal, ni même confirmer une obligation. Le consentement peut s'exprimer par de simples signes, mais seulement de la part de celui qui ne peut ni parler ni écrire. Aussitôt l'acceptation faite, le contrat est parfait, elle doit être immédiate entre présents ; entre absents, elle intervient dans le délai fixé ; à défaut de cette fixation, la proposition est réputée rejetée si l'autre partie n'a pas répondu dans les trois jours, outre le temps nécessaire pour l'aller et le retour du courrier, ou s'il n'y a pas de courrier, celui jugé indispensable en raison des distances. Celui qui a fait l'offre reste obligé à la maintenir tant qu'il n'a pas reçu de réponse dans le dit délai, sous peine d'être tenu des dommages causés par sa rétractation. Mais il n'en est ainsi que si l'acceptation est pure et simple ; si elle a lieu avec des modifications, elle sera considérée comme une offre nouvelle, et l'offrant primitif ne sera tenu que de donner une réponse. Si lors de l'acceptation, l'offrant est décédé sans que l'acceptant en ait eu connaissance, l'acceptation liera les héritiers. On voit que cette matière importante du contrat entre absents, prétérite par notre Code, a été nettement réglée par le Code mexicain. L'erreur de droit n'annule pas ; celle matérielle de calcul donne lieu seulement à correction ; celle de fait peut annuler le contrat : 1° si elle est commune aux deux parties, quelle qu'en soit la cause ; 2° si elle affecte le motif ou l'objet du contrat, lorsque ce motif a été déterminant ; 3° s'il y a dol ou mauvaise foi de l'une des parties ; 4° s'il y a dol d'un tiers intéressé au contrat : dans ce dernier cas, les parties ont aussi action contre ce tiers. Le dol consiste en toute suggestion ou artifice pour induire ou maintenir en erreur l'un des contractants ; la mauvaise foi, dans la dissimulation de l'erreur d'un des contractants une fois connue. Il y a nullité aussi pour cause d'intimidation, qu'elle provienne de l'autre partie ou d'un tiers ; elle consiste dans l'emploi de la force physique ou de menaces qui mettent en péril la vie, l'honneur, la liberté, la santé ou une partie importante du patrimoine du contractant, de son conjoint, de ses ascendants ou de ses descendants; la crainte qui résulte de l'exercice de l'autorité paternelle ou maritale s'appelle contrainte, elle ne suffit pas pour annuler le contrat. Les contrats ainsi viciés peuvent être ratifiés, lorsque le vice vient à cesser.

L'objet du contrat doit être possible physiquement et légalement sous peine de nullité, l'impossibilité physique doit être absolue pour annuler. Sont légalement impossibles les choses hors du commerce, celles qui ne peuvent s'estimer en valeur liquide, celles dont l'espèce ne peut être déterminée, enfin les actes illicites. On peut ajouter au contrat une clause pénale, qui ne peut excéder en valeur l'obligation principale et qui ne sera exigible que partiellement en cas d'exécution partielle du contrat : cette clause pénale n'aura pas d'effet quand il n'y a pas eu faute du débiteur. S'il y a à la fois clause pénale et solidarité, il suffira que l'un des héritiers du débiteur soit en faute pour que la peine soit encourue par tous ; tout au moins, ceux-ci en seront-ils tenus s'ils n'exécutent pas immédiatement l'obligation. Il en sera de même lorsqu'il n'y a pas solidarité : mais si le créancier reçoit d'un des cohéritiers le paiement partiel de la dette, il devra le déduire de la peine, même lorsqu'il poursuivra celui des débiteurs qui aura contrevenu.

Dans l'interprétation des contrats, le doute se résout, s'il s'agit d'un contrat gratuit, dans le sens de la moindre transmission de droits, et s'il s'agit d'un contrat à titre onéreux, dans le sens de la plus grande réciprocité d'intérêts. Tout contrat à terme de plus de six mois et dont l'importance dépasse deux cents *pesos* doit, pour être valable, être constaté par écrit. S'il s'agit de prestations périodiques, l'importance est déterminée par le montant d'une annuité. Si une personne ne sait pas écrire, une autre signera pour elle devant deux témoins.

DES DIFFÉRENTES ESPÈCES D'OBLIGATIONS. — L'obligation peut être personnelle ou réelle, cette dernière affecte la chose entre les mains de quiconque la possède ; cette terminologie est étrange, le Code mexicain appelle obligation réelle ce que nous appelons droit réel. Dans un autre sens l'obligation est pure et simple ou conditionnelle. Celle-ci peut dépendre d'un fait déjà accompli, mais inconnu des parties. La condition est suspensive ou résolutoire ; elle est casuelle, ou potestative, ou mixte. La casuelle dépend du hasard ou de la volonté d'un tiers ; la potestative, de la volonté de l'une des parties; la mixte, à la fois d'un cas fortuit et de cette volonté. La condition accomplie a un effet rétroactif. Si la condition fait défaut par le fait du débiteur, elle sera réputée accomplie. La condition en suspens n'empêche pas le droit de passer aux héritiers avec sa modalité ; dès avant son événement, on peut d'ailleurs faire tous actes conservatoires ; cependant, d'autre part, si le débiteur a payé par anticipation, il peut répéter jusqu'à l'arrivée de la condition. Lorsque, pendant que celle-ci est en suspens, l'objet périt, se détériore ou s'améliore, il faut faire diverses distinctions : s'il y a perte par la faute du débiteur; celui-ci devra des dommages-intérêts le cas échéant; s'il n'y a que détérioration, elle sera, au contraire, supportée par le créancier, mais ce dernier aura droit à des dommages-intérêts ou à la résolution du contrat à son choix. Si la chose se perd ou se détériore, sans qu'il y ait faute du débiteur, la perte ou la détérioration est au compte du créancier ; les améliorations fortuites profitent au créancier ; quant à celles obtenues aux dépens du débiteur, celui-ci n'aura d'autres droits que ceux qui compètent à l'usufruitier en pareil cas. Le règlement se fait d'une manière identique, mais en sens inverse, en cas de condition résolutoire. En cas d'inexécution d'un contrat, l'autre partie, en vertu d'une clause résolutoire tacite, peut en demander la résolution avec dommages-intérêts, ou, au contraire, opter pour l'exécution ; mais s'il s'agit d'une vente, cette condition résolutoire tacite ne produira effet contre les tiers que si elle est stipulée expressément et inscrite ; elle n'a, en matière immobilière, jamais effet contre les tiers de bonne foi. L'obligation peut aussi être au comptant ou à terme (*a plazo*). Dans ce dernier cas, le paiement anticipé n'ouvre pas le droit à répétition. Le terme est réputé au profit du débiteur. Le failli, la personne notoirement insolvable, celui qui a diminué par son fait les sûretés promises sont déchus du bénéfice du terme ; mais en cas de solidarité, cet effet restera personnel à chacun des débiteurs solidaires, et ne s'étendra pas aux autres.

DES OBLIGATIONS CONJONCTIVES ET ALTERNATIVES.— Les obligations conjonctives et les alternatives ont dans tous pays exercé l'ingéniosité des législateurs et des juristes ; le Code mexicain les traite en détail : 1° en cas d'obligation alternative, le débiteur peut prester l'un des objets à son choix, mais non pas à la fois une partie seulement de chacun, c'est lui, du reste, qui a l'option ; si l'un des objets est impossible, l'obligation devient pure et simple et se restreint à l'autre ; si l'un d'eux périt par la faute du débiteur ou par cas fortuit, la même réduction a lieu ; si les deux choses ont péri, l'une par la faute du débiteur, celui-ci doit le prix de celle qui a péri la dernière ; il en est de même si les deux ont péri par sa faute ; si enfin les deux ont péri par cas fortuit, le débiteur est libéré ; 2° lorsque le choix appartient au créancier, il faut reprendre chacun des cas ci-dessus, et le résultat est modifié. Si l'une des choses périt par la faute du débiteur, le créancier peut opter entre l'estimation de cette chose ou l'autre objet ; si elle a péri sans faute, il devra se contenter de celle qui reste ; si les deux ont péri par la faute du débiteur, le créancier pourra demander la valeur de l'une d'elles avec dommages-intérêts ou la résolution du contrat ; si les deux choses ont péri sans faute du débiteur, le créancier supportera la perte, lorsqu'il a déjà fait son choix, mais si ce choix n'avait pas encore eu lieu, le contrat sera annulé ; 3° d'autre part, si c'est le débiteur qui a l'option, et qu'une des choses périsse par la faute du créancier, le débiteur peut demander sa libération, ou la rescision du contrat avec dommages-intérêts ; si dans le même cas le choix appartenait au créancier, la perte d'un objet libérerait le débiteur. Si les deux objets périssent par la faute du créancier qui avait l'option, il devra restituer la valeur de l'un des deux objets à son choix, mais si l'option appartenait au débiteur, c'est lui qui indiquera la valeur duquel des deux doit être payée ; 4° Lorsque l'obligation alternative porte sur un objet ou sur un fait, le créancier qui a l'option peut choisir l'un ou l'autre ; si le débiteur se refuse à la prestation, le créancier pourra faire exécuter l'acte par un tiers. Lorsque la chose périt par la faute du débiteur et que l'option appartient au créancier, celui-ci peut exiger l'estimation de cette chose ou la prestation du fait ; mais s'il n'y a pas faute dans la perte de la chose, le créancier doit se contenter de cette dernière prestation. Si enfin l'objet périt ou si le fait n'est pas presté par la faute du créancier, l'obligation sera réputée exécutée.

DE LA SOLIDARITÉ. — La solidarité (*man comunidad*) peut être active ou passive ; elle ne se présume jamais dans les contrats ; le débiteur qui est simplement conjoint ne peut être attaqué par chacun des créanciers que pour la part de celui-ci si elle est bien déterminée, autrement il peut même exiger que tous les créanciers agissent de concert, ce qui diffère un peu des principes de notre droit. La solidarité peut résulter du fait même d'une succession. Sont créanciers solidaires, en effet : 1° les héritiers d'un créancier solidaire ; 2° les exécuteurs testamentaires constitués solidairement ; 3° les héritiers et légataires entre lesquels il n'a pas été fait de désignation de parts ; 4° toutes les personnes appelées à la même succession, lorsqu'il n'y a pas d'exécuteur, et jusqu'au partage. La solidarité passive se présume : 1° lorsque l'obligation consiste à transférer une chose individuellement déterminée, et qui ne se divise pas commodément ; 2° lorsque plusieurs personnes héritent d'un débiteur solidaire ; 3° lorsque l'obligation est contractée pour la prestation d'un fait ou l'exécution d'une œuvre qui ne peuvent réussir que par le concours simultané des obligés. Il faut remarquer ici que le Code mexicain confond la solidarité et l'indivisibilité ; la solidarité a pour effet de donner le droit d'exiger le tout à un seul des créanciers contre un seul des débiteurs ; c'est celui que toutes les législations reconnaissent. Mais les débiteurs ou les créanciers solidaires sont-ils, en outre, mandataires les uns des autres ? En ce qui concerne l'interruption de la prescription, le législateur mexicain a déjà répondu sous cette rubrique. Le débiteur peut payer à l'un seul des créanciers solidaires, à moins qu'il n'ait été actionné en justice par un des autres ; il peut payer de la même manière par voie de compensation, de novation ou de remise de dette. Par contre, le créancier a le droit d'exiger le tout d'un seul des débiteurs, sans qu'on puisse lui opposer le bénéfice de division, il peut ensuite actionner les autres pour ce qui lui reste dû. En cas de perte par la faute d'un des débiteurs solidaires, les autres resteront tenus et celui en faute devra les indemniser. Un recours est admis entre les débiteurs et s'il y en a un d'insolvable, la charge de cette insolvabilité se répartira sur tous. La remise de dettes faite à un seul ne libère pas les autres quand cette remise est limitée. Du reste, les conventions faites entre le créancier et l'un des débiteurs solidaires ne nuisent ni ne profitent aux autres. Le débiteur actionné peut opposer les exceptions à lui personnelles, et en outre les exceptions communes. Les héritiers d'un débiteur solidaire répondent en proportion de leur part héréditaire de la totalité de la dette; lorsqu'une dette indivisible se convertit en une dette d'une somme d'argent, tous les débiteurs deviennent solidaires. L'héritier d'un débiteur solidaire auquel on réclame la totalité de la dette peut demander un délai pour la mise en cause de ses cohéritiers.

DE L'EXÉCUTION DES CONTRATS.—Le contrat peut consister en la prestation d'une chose ou en celle d'un fait ; le code mexicain traite successivement des deux cas. Dans celui de prestation d'un fait, le débiteur qui néglige de l'accomplir est responsable, à partir du jour du terme, s'il y en a un de fixé, à défaut, à partir de l'interpellation à lui adressée ; cette interpellation peut être donnée en présence d'un notaire ou de deux témoins. Le demandeur pourra obtenir que le fait soit accompli par un tiers aux frais du commetta.· ou n'exiger que des dommages-intérêts. S'il s'agit de la prestation d'un objet, celui-ci devient aux risques et périls du créancier, à partir du jour du contrat, à moins que la perte ne provienne d'une faute du débiteur ; cette responsabilité partira de l'échéance ci-dessus, mais s'il s'agit d'une somme d'argent, il faut toujours l'interpellation. Dans les aliénations de corps certains, la propriété est transférée au moment du contrat, sans que la tradition soit nécessaire ; lorsqu'il s'agit d'espèce non déterminée, il faudra cette détermination. Le débiteur peut se libérer, en prestant une qualité moyenne.

Le débiteur, s'il est en faute, ou constitué en demeure, devra indemniser ; il en sera de même lorsqu'il aura pris à sa charge les cas fortuits. La mise en demeure rend responsable de ceux-ci à moins qu'on ne prouve que l'objet aurait péri même chez le créancier. Si la dette d'un corps certain a pour origine une faute, le débiteur, quel qu'ait été le motif de la perte, ne pourra se libérer que si, ayant offert la chose due, il a été constitué en demeure. Celui qui doit un objet perdu sans sa faute doit céder au créancier tous ses droits et actions en indemnité contre les personnes responsables de cette perte. Il y a perte dans le sens de la loi, lorsque la chose a disparu de manière à en perdre les traces ou à ne pouvoir la recouvrer. Il y a faute ou négligence, lorsque le débiteur fait des actes contraires à la conservation ou ne prend pas les mesures conservatoires nécessaires. Quand il s'agit de vente sous réserve de possession ou de jouissance, à défaut de convention spéciale sur le point de savoir si la perte est imputable à l'une des parties, celle-ci la subira ; lorsqu'il n'existe pas de faute, chacun des intéressés subit la perte qui le concerne, pour le tout ; en cas de perte partielle, dans ce dernier cas, il faudra une expertise pour en fixer le chiffre. Si la chose transférée par le contrat est aliénée de nouveau à un tiers avant d'être livrée par l'obligé au premier acquéreur, ce dernier pourra la recouvrer de la manière indiquée plus loin au titre de la vente. Lorsque la prestation de la chose n'entraîne pas transmission de la propriété, le risque sera supporté par le propriétaire, à moins de faute ou de négligence de l'autre partie. En cas de non prestation d'une somme d'argent, les dommages-intérêts ne pourront excéder les intérêts légaux, à moins de convention contraire. Si une partie seulement de la prestation est non liquidée, le créancier pourra exiger de suite la partie liquide. En cas d'existence de plusieurs dettes, c'est le débiteur qui fait l'imputation du paiement non intégral ; à défaut, on impute sur la dette échue, et si elles le sont toutes, sur celle la plus onéreuse, à défaut, sur la plus ancienne, enfin au prorata de chacune ; en tout cas, on impute sur les intérêts avant de le faire sur le capital.

De la Responsabilité civile. — Le Code mexicain

traite sous le même titre de la responsabilité civile Celle-ci existe lorsqu'on exige l'exécution d'un contrat et lorsqu'on fait des actes ou des omissions qui l'entraînent aux termes de la loi. On n'est obligé de prester que la faute et non le cas fortuit, à moins d'avoir donné lieu à celui-ci ou d'y avoir contribué ou de s'en être chargé. La responsabilité consiste, non seulement à restituer la chose ou sa valeur, mais, en outre, à payer des dommages-intérêts ; ceux-ci comprennent le *damnum emergens* et le *lucrum cessans*, mais ils doivent être la conséquence directe et immédiate, la valeur sera celle de l'objet au moment de sa restitution, mais on ne tient pas compte de la valeur d'affection, seulement de la valeur vénale, à moins qu'on ne prouve que l'objet a été détruit dans le but de vexer le propriétaire, l'augmentation de ce chef ne pourra excéder le tiers de la valeur vénale. Les différentes personnes tenues de la responsabilité civile, si cette responsabilité naît d'une obligation solidaire, seront obligées solidairement. Le propriétaire d'un édifice est tenu des dommages causés par la chute de sa maison, si elle résulte d'un défaut de réparations ou des vices de construction, sauf, dans ce dernier cas, recours contre l'architecte ; cela s'applique à tous les autres ouvrages édifiés. On répond aussi des dommages causés par les établissements industriels ou par l'agglomération de matériaux ou d'animaux. Lorsque le taux n'a pas été stipulé dans un acte, il est de six pour cent par an. On voit que le Code mexicain traite en même temps de la faute contractuelle et de la faute délictuelle, qui, dans les autres Codes, sont placées sous des rubriques distinctes.

DE L'ÉVICTION. — L'éviction et la garantie pour l'é-viction ont leur place ici, et non au titre de la vente comme dans notre code. On peut restreindre ou même supprimer conventionnellement cette garantie, sauf pour le cas de mauvaise foi. Dans ce cas, l'acquéreur évincé n'a plus droit qu'à la restitution de son prix ; cette restitution est toujours réservée, à moins qu'en achetant il n'ait connu le danger d'éviction. L'acqué-reur troublé doit en aviser immédiatement son auteur, avant que le procès soit engagé au fond. Les effets de cette garantie sont les suivants : si l'aliénateur était de bonne foi, il devra rembourser à l'acquéreur : 1° le prix entier par lui reçu : 2° les frais d'acte ; 3° ceux du procès ; 4° les impenses utiles et les nécessaires. En cas de mauvaise foi, ou si le vendeur ne comparait pas à temps à l'instance, il aura les mêmes obligations, et en outre, il remboursera, au choix de l'acquéreur, le prix ou la valeur au moment de l'éviction, il paiera les impenses voluptuaires, et en outre, des dommages-intérêts. S'il y a mauvaise foi des deux côtés, l'acqué-reur n'aura droit à aucune garantie. Celui qui a été con-damné à restituer les fruits peut les répéter contre son vendeur, et aussi les compenser avec les intérêts de son prix. Si l'éviction n'est que partielle, on suit les mêmes règles, à moins que l'acquéreur n'opte pour la résolu-tion de contrat : il en est de même si plusieurs im-meubles ont été vendus ensemble et que l'éviction ne s'applique qu'à l'un d'eux, mais en cas de résolution, l'acquéreur doit restituer l'immeuble, net de toutes charges. L'éviction s'entend aussi d'une charge réelle constituée par le vendeur avant la vente ; l'acquéreur, dans ce cas, peut demander des dommages-intérêts ou la résolution. L'action se prescrit alors, par

un an du jour où l'on a eu connaissance des charges.
Il n'y a pas lieu à garantie, lorsque l'acquéreur seul
avait la connaissance du danger et l'a dissimulé au vendeur, ni lorsque l'acquéreur et le tiers compromettent
ou transigent arrière du vendeur, ou s'il y a faute de
sa part.

De l'Extinction des Obligations. — Le premier
des modes d'extinction est le paiement. S'il n'y a pas
de terme fixé, il est toujours exigible, après qu'on a
laissé le temps moral nécessaire pour l'effectuer ; s'il a
été stipulé à la possibilité du débiteur, on devra prouver cette possibilité. Quant au lieu, à défaut de convention, si l'objet est un meuble déterminé, on doit
payer à celui où cet objet se trouvait lors du contrat,
dans les autres cas, au domicile du débiteur ; à défaut
de domicile, au lieu de la passation du contrat quand
l'action est personnelle, et à celui de la situation des
biens, lorsqu'elle est réelle. Le débiteur, qui, après la
convention, change volontairement de domicile doit
indemniser le créancier de l'excédent de frais qui en
résulte. Les frais de livraison sont à la charge du
débiteur. En cas de prestations périodiques, la quittance écrite des trois derniers termes fait présumer le
paiement de ceux antérieurs, sauf preuve contraire.

On ne peut valablement payer qu'avec ses deniers
propres et quand on a la capacité de le faire ; dans le
cas contraire, si la chose payée consiste en deniers ou
est fongible, on ne pourra la répéter contre le créancier qui l'aurait consommée de bonne foi. Un tiers
peut payer, même contre la volonté du débiteur, mais
n'aura pas alors de recours contre lui ; s'il payait
avec son consentement ou à son insu, il aurait l'ac-

tion de mandat ou de gestion d'affaires. L'obligation consistant en services peut s'accomplir par un tiers, à moins de convention contraire ou de compétence spéciale nécessaire. Ce paiement, s'il n'est pas fait valablement, n'a d'effet que *de in rem vers.*

Du Paiement de l'Indu. — Si par erreur de fait on a payé ce qu'on ne devait pas, on aura le droit de répétition suivant les distinctions suivantes. Celui qui de bonne foi a reçu l'indû doit le restituer, mais sans intérêts ; lorsqu'il s'agit d'un corps certain, il doit le rendre en nature s'il existe encore, mais ne répond pas des détériorations et des pertes, même causées par sa faute, à moins qu'il n'en ait profité ; s'il l'a vendu, il ne doit rendre que le prix reçu ou l'action en paiement contre l'acquéreur ; s'il l'a donné, la donation sera résolue, mais l'obligation du donataire se restreindra à celle de la personne qui avait reçu le paiement. Celui qui de mauvaise foi a reçu l'indû doit le restituer avec les intérêts depuis le jour du paiement ; s'il s'agit d'un corps certain ou d'une restitution en nature, on suivra les règles établies dans le cas de possession de mauvaise foi au titre de la possession pour la restitution des fruits ; s'il l'a aliéné à un tiers qui lui aussi est de mauvaise foi, le propriétaire de l'objet pourra le revendiquer et obtenir des deux des dommages-intérêts ; si au contraire le tiers était de bonne foi, la revendication n'est possible qu'en cas d'aliénation à titre gratuit, ou si le vendeur se trouve insolvable, le propriétaire peut demander les dommages-intérêts à l'aliénateur. Quant à la bonification des impenses utiles, on suit alors les règles établies au titre de la possession. On voit que le Code mexicain traite du quasi-contrat du paiement de l'indù accessoirement au paiement, ce qui n'est pas la méthode ordinaire, et d'autre part, qu'il règle avec beaucoup de soin cette matière difficile.

DE LA CONSIGNATION. — Les offres et la consignation sont le complément de ce sujet. Avant de consigner, si le créancier est certain et connu, on doit le sommer à jour, lieu et heure fixes ; s'il n'est pas connu, on le cite par la voie des journaux à un terme indiqué par le juge. S'il ne comparaît pas, ou s'il refuse de recevoir, le juge en dressera procès-verbal, et le débiteur demandera l'autorisation de consigner. Si le créancier est connu, mais que ses droits soient douteux, on agit de même, en sommant ledit créancier d'en justifier. A partir de la consignation, les risques passent au créancier, et lorsqu'elle est approuvée par le juge, l'obligation s'éteint ; tant que le créancier n'a pas accepté, le débiteur peut retirer le dépôt ; à partir de l'acceptation, il faut le consentement du créancier, et alors celui-ci perd tous ses droits de préférence, et les codébiteurs et cautions sont libérés.

DE LA COMPENSATION. — Le second mode d'extinction est la compensation. Celle-ci n'est possible que lorsque les deux dettes consistent en deniers ou en choses fongibles de même espèce et qualité ; il faut en outre, que les dettes soient liquides et exigibles ; est considérée comme liquide celle déterminée ou qu'on peut liquider dans l'espace de neuf jours. Enfin la compensation n'est pas admise : 1° si l'une des parties y a renoncé ; 2° si l'une des dettes a pour cause une spoliation, à moins que la compensation ne soit invoquée par celui qui en a souffert ; 3° si l'une des dettes est alimentaire ; 4° si la compensation est prohibée par la loi ou par le titre, à moins que les deux dettes à la fois ne soient privilégiées ; 5° s'il s'agit d'un dépôt ; 6° s'il s'agit d'une dette fiscale ou municipale. La compensation opère de plein droit. Celui qui a payé une dette qui était compensable ne peut, lorsqu'il réclame à son tour le paiement de sa créance, se prévaloir, au préjudice des tiers, des privilèges ou hypothèques qu'il avait au moment du paiement, à moins qu'il n'ignorât alors l'existence de sa créance. Si les deux dettes sont inégales, on compense suivant les règles de l'imputation. On ne peut l'opposer au détriment des droits acquis par les tiers. Si les dettes ne sont pas payables au même lieu, on doit tenir compte du transport nécessaire.

Voici maintenant l'effet de la compensation, en ce qui concerne les coïntéressés à divers titres dans la dette. La caution ne peut opposer au créancier qui ne la poursuit pas encore la compensation de sa dette avec sa propre créance contre lui, mais il peut opposer celle qui s'est accomplie sur la tête du débiteur principal ; ce dernier ne peut opposer la compensation de ce que le créancier doit à la caution. Le débiteur solidaire ne peut opposer la compensation née en la personne de son codébiteur. Le débiteur qui a accepté le transport fait par le créancier à un tiers, ne peut plus opposer au cessionnaire la compensation qu'il aurait pu opposer au cédant pour des créances antérieures à la cession, mais il le peut si la cession s'est faite à son insu ; il pourra même opposer les créances nées depuis la cession jusqu'au jour où il l'a connue.

De la Subrogation. — Le troisième mode d'extinction, c'est la subrogation, mais une autre obligation naît en même temps. Il y a subrogation légale : 1° quand un créancier en paie un autre de rang préférable ; 2° quand le payant a intérêt à l'exécution de l'obligation : 3° quand le paiement se fait du consentement exprès ou tacite du débiteur : 4° lorsqu'un héritier paie de ses propres deniers une dette de la succession ; 5° lorsque l'acquéreur d'un immeuble paie le créancier hypothécaire du vendeur ; dans ce dernier cas, il n'est pas besoin de déclaration des intéressés. La subrogation conventionnelle a lieu quand le créancier reçoit le paiement d'un tiers et le subroge dans ses droits, ce qui doit être fait en même temps que le paiement. Elle a lieu aussi quand le débiteur paie avec les deniers fournis par une autre personne; il faut alors que le prêt soit authentique et contienne déclaration de l'emploi futur. En cas de paiement partiel, le créancier sera préféré au subrogé pour ce qui lui reste dû, mais si ensuite intervient une nouvelle subrogation, cette préférence n'existera point entre les subrogés eux-mêmes; elle survivra cependant au profit du cessionnaire ultérieur du créancier. La subrogation partielle n'est pas admise dans les dettes indivisibles. Entre les subrogés, en cas d'insuffisance des biens, l'ordre de distribution aura lieu suivant la date des subrogations.

De la Confusion. — Le quatrième mode est la confusion ; celle qui s'opère dans la personne du débiteur principal profite à la caution; celle entre le créancier et la caution n'a pas d'effet ; celle qui s'opère en la personne d'un créancier ou d'un débiteur solidaire n'a d'effet que proportionnellement à la créance ou à la dette. Jusqu'au partage de la succession il n'y a point de confusion entre le débiteur et le créancier, lorsque l'un succède à l'autre. Si l'un des droits est conditionnel, il faut distinguer : si la condition est suspensive, la confusion ne pourra s'opérer qu'à l'événement de la condition ; si elle est résolutoire, la confusion cessera à cet événement.

DE LA NOVATION. — Le cinquième mode est la novation ; celle-ci résulte d'un changement essentiel à l'un des éléments du droit et même de l'introduction de termes ou de conditions ; elle résulte aussi de la substitution d'un nouveau débiteur à l'ancien, ou de celle d'un nouveau créancier. Celle par substitution de débiteur peut se faire sans le consentement du débiteur primitif, mais non sans celui du créancier : si ce dernier libère le débiteur primitif, il perd tout recours contre lui, lorsque le nouveau est insolvable. La novation ne se présume jamais. Les droits accessoires et garanties s'éteignent s'ils n'ont pas été expressément réservés, et s'ils affectent un tiers, il faut, outre cette réserve, le consentement de celui-ci. Quand la novation intervient entre le créancier et l'un des débiteurs solidaires, les privilèges et hypothèques ne peuvent être réservés que sur les biens du nouveau débiteur, tous les autres codébiteurs se trouvent libérés, sauf recours entre eux. Lorsque l'obligation ancienne est soumise à une condition suspensive, la nouvelle ne le sera que si cela est stipulé ; les vices absolus de la première empêchent la validité de la seconde. Si la novation est nulle, l'ancienne dette continue de subsister. Le débiteur substitué ne pourra opposer au créancier les exceptions personnelles à l'ancien débiteur.

DE LA REMISE DE DETTE. — Le sixième mode est la remise de la dette. La détention par le débiteur entre ses mains du titre de créance en est une présomption, sauf preuve contraire. La remise accordée au débiteur principal profite à la caution, mais l'inverse n'existe pas. Lorsqu'il y a plusieurs cautions solidaires, celle accordée à l'unes d'elles relativement à sa responsabilité ne profite pas aux autres. La restitution du gage est une présomption de remise du droit de gage, mais non de remise de la dette elle-même.

DE LA CESSION. — A cette matière de l'extinction des obligations, le Code mexicain rattache leur transfert et consacre illogiquement un des titres de la présente rubrique à la cession d'actions ; c'est le transport de créance. Ce transport peut avoir lieu à titre gratuit ou à titre onéreux, sans qu'il y ait besoin du consentement du débiteur ; s'il s'agit d'une créance litigieuse, elle ne peut être cédée aux magistrats ni aux administrateurs dans leur ressort, sous peine de nullité. Le retrait de droits litigieux est admis quand la cession a eu lieu à titre onéreux, en remboursant le prix et des frais ; il n'a plus lieu, si la cession a été faite au copropriétaire, ou au cohéritier, ou au possesseur de l'immeuble, objet du droit litigieux, ou s'il s'agit d'une dation en paiement. Un droit est réputé litigieux depuis la demande en justice ou depuis la saisie jusqu'au jugement ou arrêt en dernier ressort. La remise du titre est nécessaire pour saisir le cessionnaire d'un droit, lorsque d'après le droit commun, ce titre est exigé pour la validité de la créance, ou quand il y en a un. Est nulle la cession d'actions si elle ne se fait pas par écrit sous seings privés, lorsqu'il s'agit d'une valeur de cinq cents pesos, ou par acte authentique quand la valeur est supérieure ou quand aux termes de la loi un acte authentique est nécessaire pour établir le droit cédé. Le débiteur seul peut s'opposer à la cession faite aux juges ou aux autorités, et à toute cession dans le cas où il a contre le cédant une créance antérieure à la cession et compensable.

Le cessionnaire devra notifier le transport au débiteur judiciairement ou extrajudiciairement devant deux témoins ou un notaire, et alors présenter le titre des créances ou celui de la cession quand le premier n'est pas obligatoire. L'acceptation ou la présence lors du transport remplace la notification. Jusqu'à ce moment le créancier peut et doit payer entre les mains de l'ancien créancier contre remise du titre de créance; ensuite il ne peut plus le faire qu'entre les mains du nouveau qui lui remettra le titre. Si ce titre est perdu, le créancier peut en prouver l'existence, soit par l'aveu du débiteur, soit par un jugement. Le cédant doit garantir l'existence et la validité de la créance, au moment de la cession, mais non la solvabilité du débiteur, à moins que cette solvabilité ne fût notoire et antérieure à la cession. Si le cédant promet garantie de la solvabilité, cette garantie, sauf convention contraire, se limite à un an à partir de l'exigibilité de la dette. S'il s'agit d'une rente perpétuelle, elle se restreint à dix années à partir de la date de la cession. Lorsqu'on cède en bloc une universalité de droits, on ne répond que de l'ensemble et non de chacun des droits distincts ; de même, lorsqu'on cède une hérédité, on ne garantit que sa qualité d'héritier, mais il faut tenir compte des fruits perçus ; on doit, par contre, être remboursé des dettes payées.

DE LA RESCISION ET DE LA NULLITÉ DES OBLIGATIONS. — Le Code mexicain distingue la rescision et la nullité. La rescision se base sur la lésion, sur la fraude à l'égard des créanciers, et a lieu, en outre, dans les cas spéciaux indiqués par la loi. Il en est traité dans d'autres parties du Code ; le législateur ajoute ici que les aliénations à titre gratuit faites par un insolvable seront considérées comme frauduleuses au regard de ses créanciers, et que l'action Paulienne peut atteindre le paiement d'obligations non exigibles. Quant à la lésion, elle n'est une cause de rescision que dans la vente, tant au profit de l'acheteur qu'à celui du vendeur, lorsqu'il y a lésion, de part ou d'autre, des deux tiers. L'action en rescision se prescrit au bout de quatre ans.

DE LA NULLITÉ. — La nullité résulte de l'incapacité des contractants, par exemple, pour minorité, mariage, ou vices du consentement, etc. Celle au profit de la femme mariée se prescrit, quant à ses obligations, par quatre ans à partir de la dissolution du mariage. Celle fondée sur l'erreur se prescrit par cinq années, à moins qu'avant l'expiration de ce temps, le contractant n'ait connu l'erreur, auquel cas la prescription s'accomplit soixante jours à partir de ce moment. S'il s'agit d'un contrat vicié par la violence, la prescription est de six mois, calculés à partir du jour où la cause a cessé. S'il s'agit de l'illégitimité de l'objet du contrat, il faut distinguer : lorsque cet objet constitue un délit ou une faute commune aux deux contractants, aucun d'eux n'a d'action pour réclamer, ni l'exécution, ni la restitution : lorsque l'un seul est coupable, l'autre peut exiger la restitution de ce qu'il a presté, sans être tenu d'accomplir ce qu'il a promis. S'il s'agit d'un objet consistant en un fait qui, quoique moralement réprouvé, ne constitue pas un délit, et dont sont responsables les deux contractants, aucun d'eux ne pourra demander l'exécution ni la restitution : que si l'un seul est responsable du fait réprouvé, l'autre peut réclamer ce qu'il a donné sans être obligé à exécuter. L'exception de nullité est perpétuelle. L'action et l'exception compètent au débiteur principal et aux cautions. La nullité résultant d'incapacité est relative et ne peut être invoquée par l'autre partie, à moins quelle ne prouve qu'au moment du contrat elle ignorait cette incapacité. De même, celui qui a contribué à l'erreur ou à la contrainte ne peut en exciper. Le contrat vicié par un vice du consentement peut être ratifié après la cessation de ce vice ; l'exécution volontaire est une ratification tacite. Cette ratification, expresse ou tacite, couvre aussi la nullité pour manque de solennité ou de forme. Lorsque la chose, objet du contrat, a péri, l'effet de la nullité se détermine ainsi qu'il suit : si la nullité a pour cause une incapacité, l'action continuera d'aboutir, il en est de même si la cause est l'erreur, le dol, la violence ou l'intimidation, à moins que la perte ne résulte de la faute du réclamant. Dans les autres cas de nullité, si la perte a eu lieu entre les mains du réclamant, l'action s'éteindra. Il en sera de même si la perte s'est produite entre les mains de l'autre partie, sans faute de sa part ni mise en demeure.

De l'Action Paulienne. — La troisième sorte de nullité est celle au profit des créanciers pour fraude à leur égard. Le Code mexicain, en ceci très logique et plus complet que beaucoup d'autres, distingue nettement l'acte simulé de l'acte frauduleux. Le premier est celui qui n'a aucune existence réelle; le second, celui qui est réel, mais préjudiciable. L'acte simulé peut être annulé à toute époque à la demande des intéressés; sa nullité entraine la restitution de tout ce qui a été presté avec ses fruits. Les actes frauduleux sont annulés à la requête d'un créancier, si l'acte a causé l'insolvabilité du débiteur. S'il s'agit d'un contrat à titre onéreux, il faut pour cela la mauvaise foi du débiteur et du tiers; si l'acte est à titre gratuit, cette condition n'est pas nécessaire. La mauvaise foi consiste dans la connaissance de l'insolvabilité. Pour que l'action puisse atteindre un sous-acquéreur, il faut que celui-ci ait acquis lui-même de mauvaise foi. L'action Paulienne frappe les renonciations à un droit dont la jouissance n'est pas absolument personnelle. Elle atteint aussi les paiements faits avant le terme d'exigibilité, et enfin les sûretés données à un créancier. Pour réussir dans son action, le créancier doit prouver que les biens apparents du débiteur sont absorbés par ses dettes; ce sera alors à ce dernier à à établir qu'il a par ailleurs des biens suffisants pour y faire face. L'acte rescindé, les biens rentreront dans le patrimoine du débiteur au profit des créanciers. Comme on le voit, le Code mexicain traite cette matière importante de l'action Paulienne d'une manière plus complète que le nôtre. Il résout législativement des questions qui ne sont décidées chez nous que par la jurisprudence. Il étend l'action aux paiements, aux sûretés, aux renonciations, et il fait profiter tous les créanciers du résultat de cette action ; il introduit dans l'action Paulienne civile certains des effets de notre action Paulienne commerciale. Est rescindable tout acte ou contrat qui a été passé dans les trente jours avant la déclaration de faillite et qui a eu pour résultat de donner préférence à l'un des créanciers.

DU CAUTIONNEMENT. — Ici le Code mexicain quitte la matière des obligations pour aborder celle des contrats, et il commence par le cautionnement. Ce contrat peut être légal, judiciaire ou conventionnel, et dans un autre sens, gratuit ou à titre onéreux. En cas de cautionnement légal ou judiciaire, si l'on ne trouve pas de caution, on peut fournir à la place un gage ou une hypothèque. Les femmes ne peuvent cautionner que dans les cas suivants : 1° lorsqu'elles sont commerçantes ; 2° lorsqu'elles ont employé le dol pour faire accepter leur garantie ; 3° lorsqu'elles ont reçu d'avance du débiteur la valeur nécessaire pour les couvrir ; 4° lorsqu'il s'agit d'une affaire qui les concerne, ou qui concerne leurs ascendants, leurs descendants ou leur mari. Est nul le cautionnement garantissant une obligation nulle. Si l'on a cautionné des dettes futures ou non liquides, on ne pourra être poursuivi qu'après l'exigibilité. Le cautionnement ne peut dépasser en aucun point l'obligation principale, sous peine d'être réduit ; cependant il peut être garanti par une hypothèque ou un gage nouveau ; l'obligation en nature peut aussi être remplacée par une autre en argent. Le créancier peut refuser la caution, si celle-ci n'a pas la capacité nécessaire pour s'obliger et la propriété d'immeubles libres, suffisants et situés au lieu du paiement ;

cette dernière condition n'est pas nécessaire quand le montant de la dette ne dépasse pas 300 pesos. C'est au lieu du paiement qu'on peut poursuivre la caution ; si la dette ne dépasse pas 300 pesos, la condition relative aux biens disparaît. Le créancier d'une obligation à terme ou de prestations périodiques peut ultérieurement exiger une caution, si le débiteur a subi des pertes ou s'absente du lieu où le paiement devait s'effectuer. Le cautionnement prend fin avec l'obligation principale, mais non par confusion lorsque la caution hérite du débiteur, ou le débiteur de la caution. La dation en paiement libère la caution, et cette libération survit à l'éviction. En cas de remise de dette à l'une des cautions sans le consentement des autres, toutes sont libérées proportionnellement. Les cautions, même solidaires, sont libérées, lorsque le créancier, par sa faute ou sa négligence, ne peut plus les subroger dans tous ses droits, privilèges et hypothèques ; la prorogation ou le terme accordés au débiteur sans l'assentiment de la caution libère celle-ci.

Le Code mexicain s'occupe de régler les effets du cautionnement : 1° entre le créancier et la caution ; 2° entre le débiteur et la caution ; 3° entre les cautions. Tout d'abord, en ce qui concerne ses effets entre le créancier et la caution, celle-ci peut opposer toutes les exceptions inhérentes à l'obligation, mais non celles personnelles au débiteur ; elle a le bénéfice de discussion, à moins de convention contraire, ou de solidarité, ou d'insolvabilité prouvée, de faillite ou d'absence du débiteur, de telle sorte qu'il ne puisse être poursuivi à l'intérieur du pays, ou à moins d'affaire l'intéressant elle-même, ou enfin à moins qu'on n'ignore le lieu de résidence du débiteur et que celui-ci n'ait pas de biens saisissables à l'intérieur de la République. Pour exercer le bénéfice de discussion, la caution doit l'opposer *in limine litis*, et désigner des biens libres et non saisis du débiteur, situés dans le district judiciaire où doit se faire le paiement, et enfin avancer les frais. Si des biens nouveaux se découvrent, elle peut demander ce bénéfice à toute époque. Le créancier peut exiger que la caution fasse elle-même la discussion : si elle la fait, le juge lui accorde un délai dans ce but. Lorsque le créancier néglige de discuter les biens du débiteur, il devient responsable du préjudice qui en résulte, et la caution est libérée jusqu'à concurrence de la valeur des biens qu'elle avait désignés comme devant être discutés. Si la caution a renoncé au bénéfice d'ordre, mais non à celui de discussion, le créancier peut poursuivre à la fois le débiteur et la caution, mais celle-ci, même en cas de condamnation commune, conservera le bénéfice de discussion. Si elle a renoncé à ces deux bénéfices, celui d'ordre et celui de discussion, elle pourra, sur la poursuite du créancier, dénoncer cette poursuite au débiteur pour que celui-ci fasse valoir ses moyens : et si alors le débiteur ne comparaît pas à l'instance, la sentence sera opposable à ce débiteur. La transaction entre le créancier et le débiteur principal profite à la caution, mais ne peut lui être opposée : celle entre la caution et le créancier profite au débiteur principal, mais ne peut lui préjudicier. Celui qui cautionne la caution, le certificateur, a aussi le bénéfice de discussion, tant contre la caution que contre le débiteur principal ; les témoins qui certifient l'identité sont aussi, mais dans un autre sens, des certificateurs. S'il y a des cocautions, chacune, à moins de clause contraire, répond de toute la dette, mais si une seule est actionnée, elle pourra mettre les autres en cause ; lorsqu'elle a payé, elle a recours contre elles. Le bénéfice de division n'a plus lieu en cas de renonciation expresse, d'engagement solidaire, d'insolvabilité ou de faillite de l'une des cautions, ou lorsque l'affaire intéresse l'une d'elles, ou quand l'une d'elles est absente et qu'on ne peut la poursuivre.

Entre le débiteur et la caution, les effets du cautionnement sont les suivants. La caution a un recours, à moins qu'elle n'ait cautionné contre la volonté du débiteur. On doit lui rembourser les intérêts depuis le jour où elle a notifié le paiement, et les frais depuis qu'elle a avisé des poursuites, et lui payer tous dommages. Elle est subrogée de plein droit à toutes les actions du créancier, par le seul fait du paiement. Si elle transige avec lui, elle ne pourra exiger du débiteur que ce qu'elle aura payé. Elle pourra demander son remboursement entier à l'un seul des débiteurs solidaires. Si elle paie sans en donner avis au débiteur, celui-ci pourra lui opposer toutes les exceptions qu'il pouvait opposer au créancier ; en outre, si dans cette ignorance, le débiteur paie le créancier, la caution ne pourra plus se faire rembourser, sinon par ce dernier. Si la caution a payé, contrainte par justice et sans avoir pu en aviser le débiteur, celui-ci ne pourra plus lui opposer que les exceptions inhérentes à l'obligation. Lorsque la dette est à terme ou conditionnelle et que la caution fait un paiement anticipé, elle ne pourra recourir contre le débiteur que postérieurement à l'exigibilité. La caution peut exercer son recours, même avant le paiement, lorsqu'elle est poursuivie, lorsque le débiteur devient insolvable ou s'absente du pays, lorsque le cautionnement doit cesser après un temps déterminé, lorsque la dette est devenue exigible par l'arrivée du terme, et enfin s'il s'est écoulé dix années à défaut de terme fixe et en supposant que le cautionnement soit à titre onéreux ; en cas d'arrivée du terme, la caution peut exiger aussi que le créancier poursuive le débiteur ou elle-même, pour qu'elle puisse opposer le bénéfice de discussion. Si dans les soixante jours de cette réquisition, le créancier n'actionne pas le débiteur ou la caution, celle-ci est libérée.

Entre les cautions, il ne s'agit que du recours en cas de paiement ; l'insolvabilité de l'une d'elles se répartit sur toutes, si le paiement a été poursuivi en justice ou si le débiteur principal est failli ; les cautions actionnées par ce recours peuvent opposer toutes les exceptions que le débiteur principal aurait pu opposer au créancier et qui ne sont pas personnelles seulement au débiteur ou à la caution qui a payé. Le certificateur d'une des cautions, en cas d'insolvabilité de celle-ci, répond envers les autres cautions.

Du Gage et de l'Antichrèse. — Des garanties personnelles, le code mexicain passe aux garanties réelles, d'abord au gage et à l'antichrèse, puis à l'hypothèque et aux privilèges. Il est singulier qu'il ait abordé les contrats accessoires, avant de s'occuper des contrats principaux. On peut constituer un gage sans le consentement du débiteur. Ce gage n'a effet que par la remise de l'objet au créancier ; il disparaît avec la possession, à moins que cette possession n'ait été perdue sans faute, ou que le gage ne consiste en fruits. En effet, ceux-ci, quand ils sont pendants par branches ou racines, peuvent faire l'objet de ce contrat. Si l'objet du gage est un titre de créance qui doit être inscrit sur un registre public, il faut inscrire la concession sur le registre, sans quoi elle n'est pas opposable aux tiers ; à l'échéance, le créancier gagiste ne pourra recouvrer la créance, il pourra seulement exiger que le créancier, son débiteur, recouvre et consigne. On peut constituer un gage à la sûreté d'obligations futures, mais on ne peut ensuite le réaliser, sans prouver que ces obligations sont devenues exigibles. La promesse de donner un gage ne vaut pas cette dation et ne peut être opposée aux tiers. On ne peut donner en gage le bien d'autrui. Il faut pour ce contrat un acte authentique ou passé en présence de trois témoins, à moins que la valeur de la dette n'excède pas 500 pesos ; mais même au-dessous de ce chiffre, l'authenticité est nécessaire pour rendre opposable aux tiers. Le créancier gagiste a le droit d'être payé par préférence ; il peut intenter toutes les actions possessoires, réclamer une indemnité pour ses dépenses, et en cas de perte ou de détérioration, demander un autre gage ; s'il est troublé dans sa possession, il doit en aviser le propriétaire ; en cas de perte du gage, il a l'option d'en recevoir un autre, ou de demander le remboursement. S'il abuse du gage confié, le débiteur peut exiger que celui-ci soit mis sous séquestre ou que le créancier fournisse caution. A défaut de paiement à l'échéance, le créancier fait vendre le gage par justice, après avoir cité le débiteur ; si l'on ne trouve pas d'acquéreur dans les délais de la procédure, le gage lui sera adjugé pour les deux tiers de son estimation, faite par experts ; on peut stipuler qu'il restera au créancier en paiement, dans ce cas il sera porté en compte les deux tiers de sa valeur ; on peut convenir aussi que le gage sera vendu extra-judiciairement. Dans tous ces cas, le débiteur peut faire suspendre la vente en payant dans les vingt-quatre heures ; à moins de dol, le créancier ne garantit pas l'acheteur contre l'éviction du gage vendu.

L'antichrèse est le gage qui s'applique aux fruits d'un immeuble dont le créancier est mis en possession ; ceux perçus s'imputent sur les intérêts d'abord, sur le capital ensuite. L'antichrésiste devient administrateur de l'immeuble. L'antichrèse donne au créancier : 1° un droit de rétention, sauf les droits acquis par les hypothèques antérieures ; 2° celui de transférer sous sa responsabilité à une autre personne l'usufruit de l'immeuble ; 3° les actions possessoires. Il doit rendre compte chaque année ; s'il conserve entre ses mains l'immeuble pendant plus de dix ans sans avoir présenté de comptes, on présume, sauf preuve contraire, que toute la dette a été payée en principal et intérêts ; s'il néglige pendant plus de trois mois de présenter ces comptes, on peut nommer en son lieu et place un administrateur provisoire (*interventor*).

DE L'HYPOTHÈQUE. — L'hypothèque est un droit réel qui ne peut affecter que les immeubles et les droits réels immobiliers ; si l'immeuble sur lequel elle porte est déjà grevé de droits réels, elle ne le grève plus que déduction faite de ces droits, ou si ceux-ci consistent en rentes foncières, déduction faite de cinq ans d'arrérages. Celle qui est établie sur un fonds comprend à la fois les constructions actuelles et futures et le sol ; elle s'étend aux améliorations, aux accessions permanentes et aux meubles que le propriétaire y place à perpétuelle demeure, à moins qu'ils n'aient été aliénés avant la constitution, ainsi qu'aux animaux attachés à l'exploitation ; celle établie sur des bâtiments élevés sur le sol d'autrui ne comprend pas ce sol. L'hypothèque de la nue-propriété s'étend à l'usufruit lors de la consolidation. On ne peut hypothéquer les servitudes, si ce n'est avec le fond dominant, ni l'usufruit légal, ni l'usage ou l'habitation, ni les biens vendus avec clause de réméré, ni les fruits pendants par branches ou racines, ni les meubles placés dans les édifices pour leur exploitation ou leur ornement, si ce n'est avec ces édifices eux-mêmes, ni les mines avant que la concession n'en ait été obtenue, ni les biens litigieux. L'emphytéote peut hypothéquer sans le consentement de celui qui a le domaine direct, mais en cas de résolution, l'hypothèque est éteinte. En cas d'incendie, si une indemnité de sinistre est due par une compagnie d'assurances, l'hypothèque se reportera de plein droit sur cette indemnité ; si la créance n'est pas encore échue, le créancier pourra demander la consignation de la somme. Il en sera de même en cas d'expropriation pour cause d'utilité publique. Si l'immeuble hypothéqué devient insuffisant par la faute du débiteur, le créancier pourra exiger le remboursement, ou un supplément d'hypothèque ; s'il n'y a pas faute, il ne pourra demander que le supplément. Pour pouvoir hypothéquer, il faut qu'on ait le droit d'aliéner, faute de quoi, l'hypothèque sera et restera nulle, même si plus tard le constituant vient à acquérir le droit qui lui manquait. Lorsque pour le paiement d'une des fractions exigibles du capital ou des intérêts, il est nécessaire de vendre l'immeuble hypothéqué, l'acquéreur paiera la partie exigible et sera chargé de l'autre, imputable sur son prix, ou s'il le préfère, il consignera. L'action hypothécaire se prescrit par vingt ans depuis l'exigibilité. L'hypothèque constituée par le failli dans les trente jours qui précèdent la faillite sera nulle et non avenue. Quant aux revenus du fonds hypothéqué, ils ne peuvent être touchés d'avance par le débiteur pour un temps qui excède l'époque de l'exigibilité, ni lorsqu'il n'y a pas de terme, pour plus de quatre ans, sans le consentement du créancier, sous peine de nullité pour le surplus. D'autre part, le bien hypothéqué ne garantit que cinq ans d'intérêts, à moins d'inscription spéciale qui n'a d'effet qu'à sa date, et cette inscription ne peut être exigée dans le cas où le propriétaire de l'immeuble est autre que le débiteur, on ne peut demander alors qu'une autre hypothèque. Le créancier ne peut obtenir l'immeuble hypothéqué que par une convention avec le débiteur, et par adjudication. Il faut pour le titre constitutif un acte notarié, constatant le jour et même l'heure. Il n'y a point d'hypothèque tacite, telle qu'elle peut exister dans notre droit, il faut toujours une inscription sur les registres.

Le Code Mexicain réglemente le cas où l'hypothèque porte sur plusieurs immeubles à la fois. Dans ce cas le contrat peut indiquer dans quelle mesure chaque immeuble concourt à la charge commune; à défaut, le créancier la fait valoir, comme il l'entend, sur l'un ou l'autre des immeubles, simultanément ou successivement, jusqu'à son paiement total. L'hypothèque subsiste entière, quoiqu'une partie de la créance ait été payée. Si un immeuble hypothéqué vient à se diviser ultérieurement, l'hypothèque ne se divisera pas, chaque fraction restera entièrement affectée à la créance. Si l'hypothèque constituée est répartie entre différents fonds, et si l'on paie la part de répartition de l'un d'eux, la radiation peut être exigée jusqu'à due concurrence ; si ce paiement peut s'appliquer à l'une ou à l'autre de ces parts, et n'y est pas inférieure, c'est le débiteur qui aura l'option. Lorsqu'il n'y a qu'un fonds hypothéqué, ou lorsqu'il y en a plusieurs, mais sans répartition faite entre eux, on ne pourra exiger la libération d'aucun. On voit avec quel soin le législateur de ce pays a réglé une situation que notre Code ne traite que par prétérition.

Les hypothèques se divisent en hypothèque volontaire et hypothèque nécessaire, dont le Code traite séparément ; il les réunit en ce qui concerne la radiation et l'extinction, enfin quant à l'événement qui leur donne la vie, c'est-à-dire l'inscription sur un registre, car il n'existe pas d'hypothèques légales ni de judiciaires, dans le sens, au moins, où nous les admettons. c'est-à-dire comme hypothèques occultes. L'hypothèque n'a d'effet qu'une fois inscrite ; cette inscription a lieu quelquefois d'office ; par exemple, les juges auxquels on présente un testament désignant un tuteur, et ceux qui nomment un tuteur datif, doivent faire inscrire dans les six jours l'hypothèque constituée par eux pour la sûreté de la gestion, de même aussi les notaires devant lesquels s'est faite la constitution de dot, ou la donation anténuptiale, ou l'apport de biens paraphernaux garantis par une hypothèque du mari ; enfin dans le même délai, les tuteurs doivent faire inscrire les hypothèques appartenant au mineur, sous leur responsabilité. Le délai se compte du jour de l'acte, non compris les jours fériés, ni ceux nécessaires pour l'aller et retour du courrier. Lorsqu'un notaire reçoit un acte contenant constitution d'hypothèque, il doit le commencer en y relatant l'état des inscriptions, même s'il en est dispensé par les parties, sous peine de payer tous dommages-intérêts, et en cas d'insolvabilité, d'être suspendu pendant deux ans : cet état devra remonter à vingt années. Pour faire inscrire, on doit présenter au bureau de la situation des biens l'acte original, le registre relatera les noms, domiciles et professions, la date et la nature de la dette, la date de l'acte, la nature du droit conféré, modifié ou éteint, la somme, le taux des intérêts, l'époque d'exigibilité, la désignation exacte du fonds, le montant des contributions. Si une dot est constituée avec estimation, elle devient la propriété du mari et est inscrite au nom de celui-ci avec l'estimation et l'hypothèque dotale constituée, et cette hypothèque s'inscrit en même temps sur le registre la concernant. On inscrit aussi sur le registre les biens dotaux estimés et les paraphernaux, avec l'indication de cette qualité, et au nom de la femme, et on mentionne cette inscription en marge de l'inscription elle-même de ces biens. En transcrivant les biens dotaux estimés au nom du mari sur le registre de la propriété, le conservateur doit faire d'office l'inscription y relative sur le registre des hypothèques. Celui qui fait faussement inscrire ou radier un acte encourt les peines du faux. Les registres doivent être communiqués au public. Les conservateurs sont responsables de toutes omissions, refus ou retard ; le refus est constaté immédiatement par l'appel de deux témoins. Des dispositions ci-dessus, il importe de rapprocher celles *infrà* sur le registre de propriété. L'hypothèque éteinte revit si le paiement est sans effet, mais s'il y a eu radiation, seulement à partir de l'inscription nouvelle.

De l'Hypothèque volontaire. — L'hypothèque volontaire est soumise à des règles autres que celles de la convention même ; si elle est constituée pour sûreté d'une obligation future ou sous condition suspensive, elle aura un effet rétroactif, mais dès l'accomplissement de la condition, les intéressés devront mentionner cet événement en marge de l'inscription sous peine de non-opposabilité aux tiers ; si, par contre, il y a une condition résolutoire, l'hypothèque continuera vis-à-vis des tiers jusqu'à ce que l'accomplissement de cette condition ait été inscrite. La créance hypothécaire peut être cédée en tout ou en partie, pourvu que mention en soit faite en marge, ou que signification en soit adressée au débiteur. L'hypothèque dure dix ans, à défaut d'autre terme indiqué dans l'acte pour elle ou pour l'échéance de la créance, car alors elle vit jusque-là. Le terme de l'obligation hypothécaire peut être prorogé une fois seulement avant son arrivée, et l'hypothèque aussi ; la prorogation de durée non fixée durera dix ans. Mais l'hypothèque prorogée une seconde fois n'aura rang que du jour de la nouvelle inscription ; elle peut l'être avant son expiration pour un nouveau délai de dix ans, et ne prendra alors que le rang de la dernière inscription.

De l'Hypothèque nécessaire. — L'hypothèque nécessaire n'est autre que l'hypothèque légale; il s'agit de celle que sont obligés de constituer certains administrateurs du patrimoine d'autrui ; à défaut d'accord, c'est le juge qui décide quels biens devront être grevés. Peuvent exiger l'hypothèque : 1° le cohéritier ou coïndivisaire, sur les immeubles partagés, pour les soultes et la garantie; 2° le vendeur ou le co-échangiste pour le prix dû ; 3° le donateur, pour les charges imposées ; 4° le bailleur de fonds, pour l'achat d'un immeuble ; 5° les descendants dont les biens sont administrés par des ascendants ; 6° les mineurs contre leurs tuteurs ; 7° la femme mariée, pour sûreté de la dot et des paraphernaux constatés par acte authentique ; 8° les créanciers qui ont obtenu un titre exécutoire ; 9° les légataires, sur les immeubles de la succession ; 10° les assureurs, sur les biens assurés, pour les primes de deux années, et s'il s'agit d'assurances mutuelles, pour les deux derniers dividendes ; 11° l'État, les communes et les établissements publics, sur les biens de leurs administrateurs et comptables. La femme a le droit compris au n° 7, à quelque époque que la dot ait été constituée. Le Code spécifie ceux qui pourront demander l'inscription de l'hypothèque nécessaire. Ce sont, suivant les cas, les héritiers du mineur contre le père, les héritiers légitimes ou le curateur de l'incapable contre le tuteur, la femme ou ses parents ou son tuteur pour la femme, et pour tous le Ministère public. La constitution de l'hypothèque dotale peut être demandée par la femme majeure, par le donateur, par les parents de la femme et par le tuteur, à défaut par le Ministère public ; l'action de la femme dans ce but est imprescriptible. Si le mari n'a pas constitué l'hypothèque dotale et dilapide ses biens, la femme aura le droit d'exiger la consignation des siens. En cas d'aliénation de ses biens dotaux, si elle y a consenti, elle pourra, à toute époque, demander le remploi de l'immeuble hypothéqué en un autre immeuble à hypothéquer. L'assureur pourra faire valoir son droit d'exiger l'hypothèque lorsque les primes de deux années seront restées en souffrance.

Quant au privilège, il en est question au chapitre suivant sous la rubrique de l'ordre entre créanciers.

De l'Ordre entre les Créanciers. — On commence par prélever sur le patrimoine, non à titre de privilège, mais à titre de déduction : 1° les biens non fongibles, au profit de ceux qui en sont propriétaires, ou les fongibles remis dans un récipient clos ; 2° les biens hypothéqués ; on peut stipuler qu'on fera vendre sans les formalités judiciaires. Les privilèges sont les suivants : 1° les frais de l'instance du créancier hypothécaire pour faire reconnaitre son droit ; 2° ceux de conservation de la chose hypothéquée ; 3° les primes d'assurances ; 4° les contributions des cinq dernières années ; 5° les créances hypothécaires avec leurs intérêts pendant cinq ans. En outre, la séparation des patrimoines est instituée au profit des créanciers héréditaires ; cette séparation doit être demandée dans les trois mois à partir de l'acceptation de la succession : elle est exclue s'il y a eu novation de la dette ou si le créancier a accepté l'héritier pour débiteur. Dans le cas de séparation, les patrimoines restent distincts, et les créanciers héréditaires qui ne pourront être payés sur la masse de la succession ne pourront concourir avec les créanciers personnels sur les biens de l'héritier De même, du patrimoine d'un associé on doit distraire les biens qui appartiennent à une société. Si le privilège résulte d'un concert frauduleux entre le créancier et le débiteur, il est perdu, à moins que le dol ne provienne du débiteur seul. Lorsque des créanciers de la même classe concourent entre eux, l'ordre de préférence est déterminé par la date des créances.

Les frais faits viennent au rang de chacune d'elles.

Après ces diverses déductions, le Code mexicain énumère les différentes classes de créanciers. La première comprend : 1° les frais judiciaires communs, aux termes du Code de procédure ; 2° ceux de conservation et de gestion. Une sous-catégorie inférieure comprend : 1° la dernière annuité échue et celle en cours des primes d'assurances ; 2° les contributions des cinq dernières années ; 3° les frais de réparation ou de reconstruction des immeubles, quand ils ont été nécessaires ; 4° les pensions, rentes et autres prestations réelles échues. Les privilèges de 2° classe comprennent : 1° celui pour prix de vente d'un meuble, sur ce meuble lui-même, pourvu qu'on le fasse valoir dans les trois mois de la vente au comptant, et au cas contraire, dès l'échéance ; 2° les frais faits pour la conservation d'un meuble qui se trouve en la possession du débiteur ou du créancier, à condition de réclamer dans le même délai, le tout, pourvu que les meubles ne soient pas devenus immeubles : cependant, s'ils ont été employés à des établissements industriels, le créancier conservera son privilège pendant un an, du jour de la vente, lorsque celle-ci a lieu par acte authentique ; 3° le gagiste, sur le gage en sa possession, ou dont il aurait perdu la possession sans sa faute ; 4° l'hôtelier, sur les meubles du voyageur se trouvant entre ses mains ; 5° le voiturier, sous la même condition ; 6° les semences ou toutes dépenses de culture, sur les fruits en la possession du débiteur ; 7° le locateur de biens ruraux pour le fermage et les indemnités, sur les fruits et sur le prix de sous-location, si la réclamation est faite dans l'année de l'échéance, et aussi sur les meubles et ustensiles du fermier. Les privilèges de la 3ᵉ classe portent sur les biens immeubles non hypothéqués et sur les meubles non compris aux classes précédentes ; ils garantissent : 1° les frais funéraires ; 2° ceux de dernière maladie pendant un an ; 3° les aliments du débiteur pour sa subsistance et celle de sa famille pendant les six mois qui ont précédé le concours entre créanciers ; 4° les salaires des domestiques pendant les deux dernières années ; 5° les créances des personnes qui auraient pu exiger l'hypothèque nécessaire et qui ont négligé de le faire ; 6° les impôts non compris dans les classes ci-dessus ; 7° la valeur des dépôts de choses fongibles non marquées et consommées ; 8° les créances du Trésor et des établissements publics pour la partie non garantie dans les classes précédentes ; 9° celles contre tous les administrateurs de biens d'autrui contre lesquels on n'a pas exigé la constitution d'hypothèque. La quatrième classe comprend : 1° les créances hypothécaires pour la partie impayée ; 2° les créances par acte public ; 3° toutes celles ci-dessus, pour la part impayée. La cinquième classe comprend toutes les autres créances inscrites en un acte sous seing-privé et timbré. La sixième classe comprend d'abord toutes les autres créances, puis la responsabilité civile pour délits. On doit descendre de classe en classe et dans chacune de numéro en numéro, en suivant exactement l'ordre de dévolution. Ce système est assez compliqué ; il en résulte qu'en cas d'insolvabilité, la répartition au marc le franc, quand il s'agit de petits patrimoines, est beaucoup moins fréquente que chez nous ; les causes de préférence sont, en général, justifiées ; on a évité la pulvérisation du patrimoine à distribuer.

Tel est le système général des hypothèques et des

privilèges en droit mexicain ; le régime de publicité y
a été scrupuleusement respecté.

Du Contrat de Mariage. — Il existe deux régimes
bien distincts : celui de la société conjugale qui correspond à peu près à notre communauté réduite aux
acquêts et celui de la séparation de biens. La communauté légale, telle que notre Code la réglemente, n'existe
pas au Mexique, ni comme régime de droit commun,
ni comme régime spécial organisé de toutes pièces. En
outre, les deux régimes admis renferment des particularités curieuses et de véritables perfectionnements qui
rendent cette partie du Code très intéressante à étudier.
L'autonomie de la femme y est beaucoup plus respectée, l'autorité maritale y devient constitutionnelle,
et la femme n'est plus réduite, quant au patrimoine, au
rôle effacé que lui donnent les autres législations,
sans que pour cela cependant l'unité conjugale se
trouve compromise. La dotalité forme un élément à
part, qui peut être appliqué ou mis de côté, aussi bien
sous le régime de la société conjugale que sous celui de
la séparation, et que le Code développe à son tour. La
convention peut d'ailleurs déroger aux règles de ces
deux régimes qui ne sont pas imposés. Il existe aussi,
à côté de la société légale, la société conventionnelle,
ou un mélange des deux ; celle volontaire peut finir
avant la dissolution du mariage, si l'on en convient ;
en outre, elle est suspendue ou modifiée par la sentence de présomption de décès du conjoint absent ou
par celle de divorce nécessaire ; quant au divorce
volontaire et à la séparation de biens intervenus pendant le mariage, ils peuvent terminer, suspendre ou
modifier la société conjugale suivant les conventions

des époux. L'abandon non justifié du domicile conjugal par l'un d'eux fait cesser pour lui, à partir du jour de l'abandon, les effets de la communauté légale, en ce qu'ils lui sont favorables, et ils ne pourront renaître que par une convention expresse. C'est le mari qui est l'administrateur légal de cette société. La femme ne peut gérer qu'en vertu d'une convention ou d'un jugement, en cas d'empêchement du mari ou d'abandon par lui du domicile conjugal. Quant à la séparation de biens, elle est volontaire ou judiciaire, elle est aussi totale ou partielle ; dans ce cas, le surplus est réglé par les règles de la société légale. Les conventions matrimoniales ne doivent pas nécessairement, comme chez nous, avoir lieu avant la célébration du mariage, elles peuvent intervenir depuis ; mais elles ne peuvent être révoquées ni modifiées alors si ce n'est par une convention expresse ou une sentence judiciaire. Le contrat de mariage doit être rédigé par acte authentique sous peine de nullité, et s'il s'agit de modifications, avec le concours de toutes les personnes intéressées, sous la même peine : en outre, on doit mentionner la modification en marge du contrat primitif, sans quoi elle ne serait pas opposable aux tiers.

De la Communauté Conventionnelle. — La société volontaire (communauté) est constatée par un acte qui doit contenir : 1° l'inventaire des apports avec leur estimation et leurs charges ; 2° l'énonciation s'il s'agit d'une société universelle ou d'une société portant sur quelques biens seulement, et sur lesquels ; 3° le sort des biens acquis pendant le mariage, et la manière de prouver leur acquisition ; 4° l'indication si la société est seulement d'acquêts (*de ganancias*), et en détail lesquels des biens devront être communs ; 5° les dettes de chacun des époux, en ajoutant si le fonds commun devra en répondre ou s'il sera tenu seulement de celles qui seront contractées au cours de la communauté par les deux époux ou par l'un d'eux ; 6° la part que chacun des époux aura dans l'administration et la perception des fruits, avec mention de ceux de ces biens que chacun pourra vendre, hypothéquer, louer, en indiquant quelles conditions. Est nulle toute convention permettant à l'un des époux de percevoir tous les profits, ou qui met à la charge de l'un d'eux une part des dettes et des pertes supérieure à ce qu'il a versé dans l'actif. Mais l'un des époux peut avoir pour toute part une valeur fixe : dans ce cas, cette somme doit lui être payée, qu'il y ait, ou non, un boni. Les créanciers qui n'ont pas connu ces conventions matrimoniales de société volontaire peuvent agir, comme si les époux se trouvaient sous le régime de la société légale, mais l'époux qui en souffrira aura recours contre l'autre, même sur les biens propres de celui-ci. Toute convention qui emporte cession d'un propre sera considérée comme une donation. Toutes celles qui seraient contraires aux bonnes mœurs, à l'autorité familiale, à la tutelle, aux règles du divorce, soit volontaire, soit nécessaire, à l'émancipation, à la succession, seront nulles et non avenues.

De la Communauté Légale. — La société légale (communauté légale) est le régime de droit commun : cependant, si le mariage a été contracté à l'étranger, il sera soumis aux lois du pays de célébration, sauf les modifications postérieures conventionnelles. La commmunauté légale comprend tous les biens, à l'exclusion de ceux dont l'époux était propriétaire au moment du mariage ou dont il était possesseur alors, s'il les acquiert depuis par prescription, il n'est fait aucune distinction entre les meubles et les immeubles, et aussi à l'exclusion de ceux que chacun, au cours de la communauté, acquiert par don de fortune, par donation, succession ou legs échus à lui seul. Si les donations sont à titre onéreux, on en déduira les charges. L'acquisition faite en vertu d'un réméré, ou de toute autre cause antérieure au mariage, constituera aussi un propre; enfin on doit considérer comme tels les biens acquis en échange ou en remploi de propres. Si une valeur se divise en annuités n'ayant pas le caractère de fruits et non compris dans un usufruit, cette divisibilité ne tirera pas au capital le caractère de propre, s'il le possédait. Lorsqu'un des propres d'un époux est vendu pendant le mariage, reprise sera faite par lui du prix de vente, à moins que l'immeuble n'ait été estimé dans le contrat de mariage, auquel cas la reprise sera de cette estimation. Par contre, la société légale se compose : 1° des biens acquis par le mari au service militaire ou dans toute autre fonction (c'est le pécule *castrense*) ou par son travail manuel ; 2° de ceux provenant de succession, legs ou donation faits à tous les deux sans désignation de parts ; 3° à titre de récompense, des deniers communs employés à acquérir des propres par voie de réméré ou à un autre titre ; 4° du coût des réparations faites aux propres mobiliers ou immobiliers ; 5° de l'excédent payé lors d'un échange ou d'un remploi de propres ; 6° des biens acquis pendant la communauté, aux dépens de la masse commune ; 7° enfin des fruits. L'usufruit acquis est aussi commun. Le prix des constructions faites pendant la communauté sur un propre ouvre droit à récompense. S'il s'agit d'un troupeau, les têtes de bétail qui excèdent le nombre qui existait lors du mariage deviennent communes, de même le produit des mines déclarées pendant le mariage par l'un des époux, et les actions acquises avec des fonds communs. Les fruits pendants à l'époque de la dissolution se partagent au prorata du temps, lequel se compte à partir de la célébration du mariage. Le trésor trouvé par hasard est propre de l'époux ; celui découvert à la suite de recherches appartient à la communauté. Les *barras* ou actions minières sont propres, mais les produits perçus pendant le mariage sont communs. On ne peut renoncer aux acquêts, tant que dure la communauté ou que la séparation de biens n'a pas été prononcée. Tous les biens sont réputés acquêts ; la déclaration de l'un des époux en sa propre faveur, même avec l'aveu judiciaire de l'autre, ne suffit pas pour faire un propre ; cet aveu constitue simplement une donation, et comme tel, est révocable jusqu'au décès et sujet à la réduction. Tous les propres doivent d'ailleurs être constatés par inventaire, faute de quoi, les biens sont réputés communs jusqu'à preuve contraire. On voit que le régime légal mexicain est celui de la communauté réduite aux acquêts. Cette société légale, si elle est déclarée nulle, reste valable cependant jusqu'à ce que cette nullité ait été prononcée, si les deux époux étaient de bonne foi. Si la bonne foi n'existait que d'un seul côté, cette continuation a lieu encore lorsqu'elle est favorable à l'époux de bonne foi. Si les deux époux sont de mauvaise foi, la nullité rétroagira, sauf les droits des tiers. La dissolution et la suspension de la communauté n'auront d'effet vis-à-vis de ces derniers qu'à partir du moment où elle leur aura été notifiée. La suspension cesse avec l'arrivée du terme ou la réconciliation. Après la dissolution de la communauté, on doit dresser inventaire, lequel comprendra les biens existants, les récompenses, et les biens aliénés frauduleusement par le mari ; on n'y porte point le coucher et le vêtement de l'époux, qu'on remet à ses héritiers. Si la dissolution a pour cause la nullité du mariage, l'époux de mauvaise foi n'aura pas de part dans les acquêts, mais sa part n'accroitra pas à son conjoint, elle sera dévolue à ses enfants ; à défaut de ceux-ci cependant, le conjoint en profitera. Si les deux sont de mauvaise foi, les acquêts seront dévolus à leurs enfants, et s'il n'y en a pas, seront répartis entre eux en proportion de leurs apports. Dans les cas ordinaires, au contraire, le boni de communauté se partage par moitié. La veuve a droit à son deuil sur la part de son mari. Depuis le décès d'un des époux jusqu'au jour du partage, le survivant administre la communauté, avec l'intervention de l'exécuteur testamentaire. S'il y a à liquider en même temps plusieurs communautés de la même personne, et s'il n'y a pas d'inventaire, on admet les preuves ordinaires pour établir la consistance de chacune ; en cas de doute, les acquêts se partagent entre elles, en proportion de la durée de chacune et de la valeur des biens propres. En dehors du cas de nullité, la société conjugale n'est dissoute que par la mort ou par un jugement prononçant le divorce ; depuis la revision de 1884, elle est suspendue dans le cas où l'un des conjoints a quitté le domicile commun.

Les règles de l'administration de la communauté renferment des dispositions remarquables et originales, la femme n'en est plus complètement éliminée. L'article 2023 déclare que la propriété et la possession des biens communs résident en la personne des deux époux. Le mari peut aliéner ou grever, il est vrai, les meubles sans le consentement de sa femme, mais les immeubles communs ne peuvent être aliénés ou grevés par lui sans le consentement de celle-ci, ou à défaut, sans autorisation de justice : c'est la substitution du *pouvoir conjugal* au *pouvoir marital* : il ne peut non plus accepter une succession commune, que de cette manière ; à défaut, la responsabilité de l'acceptation ne portera que sur les propres du mari et sur sa moitié de communauté, et ne pourra être opposable à la femme, ni aux héritiers de celle-ci. De son côté, la femme ne peut administrer, ni obliger la communauté sans le consentement du mari, mais elle paie les dépenses du ménage. La femme mariée qui se porte caution répond, en cas de séparation de biens, sur ses propres, et en cas de communauté, sur ses gains et sur sa part de communauté. Celle-ci supporte les dettes contractées par le mari seul ou par la femme avec l'autorisation du mari ; mais les dettes provenant de délits ou de quasi-délits restent à la charge de chacun. Celles antérieures au mariage ne sont dues que par l'un des époux, elles pourront seulement, à défaut de propres, être payées sur sa part dans les biens communs. Les intérêts des dettes tombent en communauté, ainsi que les frais de réparation des propres et d'éducation des enfants. Il en est de même des sommes données ou promises par les deux époux aux enfants communs pour leur établissement, à moins de conventions contraires.

DE LA SÉPARATION DE BIENS. — La séparation de biens peut être stipulée, elle peut aussi résulter d'une décision de justice. Chacun conserve alors l'administration de ses propres et leur jouissance; il supporte les charges du ménage dans la proportion convenue, et à défaut, en proportion de ses revenus. La femme ne peut aliéner sans le consentement exprès du mari ou de justice; les biens acquis pendant le mariage forment une société d'acquêts. Il y a séparation du passif comme de l'actif. Si le mari a de fait l'administration, il ne doit pas compte des fruits consommés. La séparation de biens résulte du divorce volontaire, de la condamnation à la perte des droits de famille, et de l'absence. Quand le mari a causé la séparation par sa faute, la femme administre ses biens propres, et alors elle a les mêmes droits que le mari. On doit inscrire sur le registre public la demande et le jugement de séparation. En cas de réconciliation ou lorsque la séparation cesse pour tout motif, la communauté se trouve rétablie dans les mêmes termes qu'auparavant, à moins de conventions contraires, le tout sans effet rétroactif.

LES DONATIONS ANTÉNUPTIALES. — Les donations anténuptiales sont celles qu'un des époux fait à l'autre avant le mariage, et aussi celles qu'un étranger fait à l'un d'eux ou à tous les deux en considération du mariage. Les donations par l'un des époux à l'autre ne peuvent en tout dépasser le dixième des biens du donateur; pour faire le calcul du disponible, l'époux donateur et ses héritiers peuvent opter entre l'époque de la donation et celle du décès; s'il n'y a pas eu inventaire des biens du donateur, on ne pourra plus choisir l'époque de la donation. Les donations de ce genre sont dispensées de l'acceptation expresse ; elles ne sont pas révocables pour survenance d'enfants ; elles ne le sont pas non plus pour ingratitude, à moins que le donateur ne soit un étranger, que la donation n'ait été faite aux deux époux, et que les deux ne soient ingrats. Les mineurs peuvent faire cette donation, avec l'intervention de leur père ou de leur tuteur et l'approbation de justice. En cas de nullité du mariage, la donation est maintenue au profit de l'époux de bonne foi ; s'il est de mauvaise foi, elle est dévolue à ses enfants et, à défaut, retourne au donateur ; si les deux sont de mauvaise foi, les donations sont nulles, ou s'il y a des enfants, leur sont dévolues.

Des Donations entre Époux. — Les donations entre époux ne peuvent dépasser le cinquième des biens présents, soit qu'elles soient entre vifs, soit qu'elles soient testamentaires ; elles deviennent irrévocables seulement par le décès. Elles ne sont pas révocables pour survenance d'enfants, mais peuvent être réduites si elles dépassent la quotité disponible.

De la Dot. — La dot peut se constituer même après la célébration du mariage ; elle l'est, soit par la femme, soit par un autre en son nom ; elle peut être augmentée pendant le mariage, mais cette augmentation doit être inscrite sur le registre public. Les mineurs ne peuvent doter que s'ils sont émancipés et du consentement de celui qui les a émancipés ou du juge ; les femmes mineures ne peuvent se constituer de dot qu'avec l'autorisation des personnes dont le consentement est nécessaire pour le mariage ; si elles sont mariées, il leur faut l'autorisation de justice. Quand c'est le père et la mère qui sont constituants en commun, sans désignation de part, chacun est obligé pour moitié : si c'est un seul, il doit fournir la dot sur ses propres. Le constituant doit garantir contre l'éviction. Les biens acquis pendant le mariage deviennent dotaux en cas d'échange, de réméré, de dation en paiement de la dot, de remploi de biens dotaux ; dans ce dernier cas, il faut que la clause de remploi se trouve sur l'acte et sur le registre. Le constituant doit les intérêts du jour du terme. La dot constituée par le père ou par la mère ne s'imputera pas sur la part héréditaire des filles, qu'il y ait eu, ou non, testament, à moins de clause expresse, et seulement de manière à ne pas préjudicier au droit des autres héritiers légitimes d'avoir des aliments.

C'est le mari qui a l'administration de l'usufruit de la dot, et même la disposition sous certaines réserves : la femme ne pourra exiger sur les biens du mari la garantie hypothécaire à laquelle elle a droit ordinairement pour assurer sa subsistance, qu'en cas d'insuffisance des biens dotaux. Le mari peut exercer toutes les actions relatives à la dot ; il est responsable des capitaux qu'il néglige de recouvrer, à moins qu'il ne justifie d'absence de faute. Il a le droit de disposer des meubles : mais si ces meubles consistent en argent ou en joyaux, il ne pourra le faire qu'en donnant garantie pour leur restitution en une hypothèque sur ses biens, à moins que le contrat ne prescrive une inaliénabilité absolue. A quelque époque qu'il reçoive la dot, il doit constituer hypothèque pour la garantir. Ici se place le principe de l'inaliénabilité de la dot : cette dot ne peut non plus être grevée d'hypothèque ni d'aucune autre charge réelle, le mari peut cependant aliéner, s'il assure la restitution du prix par une hypothèque constituée sur ses biens ou sur ceux aliénés eux-mêmes, à moins que la constitution n'interdise absolument toute aliénation. La femme peut aliéner ou hypothéquer les immeubles ou les meubles précieux dotaux, lorsque l'hypothèque de garantie n'a pas encore été constituée par son mari, pour doter ou établir ses enfants d'un autre lit. Les deux époux d'accord peuvent aliéner dans le même cas de non constitution de l'hypothèque de garantie : 1° pour doter ou établir des enfants communs; 2° pour pourvoir la famille d'aliments ; 3° pour payer les dettes de la femme ou des constituants, antérieures au mariage et constatées par acte authentique; 4° pour les réparations nécessaires des autres biens dotaux; 5° pour sortir de l'indivision, quand les biens dotaux dépendent d'une succession ; 6° pour échanger ou remployer ; 7° en cas d'expropriation pour cause d'utilité publique ; la vente doit se faire aux enchères ; dans le cas de vente par la femme seule, le mari doit être préalablement entendu. Si la valeur des biens n'excède pas cent *pesos*, on n'exige plus de formalités.

La dot est affectée au paiement des dépenses du ménage si les autres biens ne suffisent pas. Le mari ne peut affermer pour plus de neuf ans et sans le consentement de sa femme, les biens dotaux non garantis par une hypothèque, et tout paiement par anticipation fait au mari pour plus d'un an est nul. La prescription des biens dotaux, immeubles ou meubles précieux non garantis par une hypothèque, ne court pas pendant le mariage; les autres meubles sont prescriptibles. Les biens que la femme mariée sous le régime dotal acquiert depuis et qui ne sont pas compris dans la dot lui restent propres. La femme peut agir en annulation de la vente du bien dotal et de son hypothèque, même pendant le mariage, et quoiqu'elle y ait consenti ; mais s'il s'agit de meubles précieux, elle ne peut faire cette revendication que s'ils se trouvent aux mains du premier acquéreur, ou d'une autre personne ayant acquis de mauvaise foi ou à titre de donataire ; la femme jouit aussi concurremment de son droit de privilège et de l'hypothèque constituée par son mari. Enfin, en cas de mauvaise administration du mari, la femme, ou ses père et mère, ou ses frères pourront demander que l'administration soit exclue ou restreinte.

La dot doit être restituée à la dissolution du mariage ou lors du divorce ; le mari en est dispensé en cas de perte par cas fortuit. Cette restitution a lieu de suite, si la dot consiste en immeubles ou en meubles qu'on ne doit pas aliéner ; elle n'a lieu, s'il s'agit d'immeubles estimés, de meubles aliénés, ou de numéraire, que six mois après la dissolution ou la séparation ; mais ce délai ne s'applique pas aux meubles que le mari a en sa possession. Lorsque l'immeuble a été estimé, c'est l'estimation seule que doit le mari, la femme a l'option entre la revendication de l'immeuble ou le paiement de sa valeur. Quant aux impenses, le mari est considéré comme un possesseur de bonne foi ; les meubles dotaux qui sont entre ses mains se restituent dans l'état où ils se trouvent, mais s'il y a eu estimation, la femme pourra exiger cette estimation. Dans le cas contraire, c'est le prix de vente qui doit être rendu. Pour les biens fongibles, on restitue le prix d'estimation, à défaut de biens de même nature. La valeur des meubles non fongibles consommés par l'usage ou qui ont péri par cas fortuit ne doit pas être restituée. On peut, à la place des meubles dotaux qui n'existent plus, fournir d'autres meubles de même nature. Le mari n'est pas responsable de ne pas avoir recouvré une créance dotale, lorsque la somme est due par le père ou la mère de la femme. Si la dot comprend des créances douteuses qui sont estimées à une somme moindre que leur valeur nominale, le mari doit restituer cette estimation. Dans tous les cas, la veuve a droit, outre la restitution de sa dot, à son coucher et à sa garde-robe. Lorsqu'il y a lieu à la restitution de plusieurs dots, cette restitution se fait d'abord en nature : à défaut et s'il y a insuffisance de la totalité de l'actif, les dots se paient dans l'ordre de leurs dates respectives. Si les fruits ne sont pas encore existants, la femme doit tenir compte des frais de culture. Le mari est présumé avoir encaissé le montant de la dot constituée à terme, dix ans après l'échéance, et il en répond, à moins qu'il ne justifie avoir fait les diligences nécessaires, le tout, s'il ne s'agit pas d'une dot constituée par les père et mère.

Du Contrat de Société. — La définition donnée par le Code mexicain est très complète : la société est le contrat en vertu duquel ceux qui peuvent disposer librement de leurs biens ou de leur industrie, mettent en commun avec d'autres personnes ces biens, ou cette industrie, ou l'un et l'autre, afin de partager entre eux la propriété de ces biens, et les gains et pertes obtenus par ce moyen, ou seulement les gains et les pertes. Chaque associé doit faire un apport, au moins en industrie. Lorsqu'il s'agit de biens, la société est nulle, s'il n'en est pas fait immédiatement un inventaire signé par les parties. Il doit être passé un écrit, toutes les fois que le capital dépasse 3oo *pesos*, sous peine de nullité ; lorsque cet écrit n'est pas nécessaire, le consentement tacite suffit. La succession de biens futurs est prohibée, si ce n'est entre époux. La société constitue toujours une personne morale, qui peut être créancière ou débitrice d'un associé. Celui qui contribue avec du numéraire ou d'autres valeurs facilement réalisables est l'associé capitaliste ; celui qui n'apporte que son industrie est l'associé industriel. Les sociétés sont civiles ou commerciales. Le pacte social ne peut être modifié que de l'assentiment de tous. Si la société embrasse à la fois des affaires civiles et des commerciales, elle est civile, à moins que les parties n'aient voulu le contraire.

Il y a deux sortes de sociétés : l'universelle et la particulière. La première peut être : 1º ou de tous les biens présents ; 2º ou de tous les gains. La société universelle des biens présents comprend les meubles et les immeubles existant au moment de la fondation et leurs fruits, elle peut être étendue aux fruits des biens futurs et aux gains, mais elle ne peut comprendre la propriété des biens. La société universelle de gains ne comprend que ce qui est acquis par l'industrie, et tous les fruits. La société universelle sans autre addition s'interprète en simple société de gains. Dans la première de ces sociétés universelles la propriété se transfère par l'effet du contrat ; dans l'autre, chacun conserve la propriété de ses biens : l'administration seule passe aux mains de la société. Dans la première, les dettes antérieures ou postérieures à la constitution de la société tombent à la charge de celle-ci ; dans la seconde, les dettes contractées pour la société sont à sa charge, mais celles relatives aux biens propres d'un associé sont supportées par celui-ci, sauf les intérêts qui sont à la charge de la société. On prélève sur la masse sociale ce qui est nécessaire à l'entretien de chaque associé. La société particulière, lorsqu'elle met un bien en commun, doit être constatée par écrit, la propriété n'est transférée que quand il existe une clause expresse dans ce sens, à moins qu'il ne s'agisse de choses se consommant par l'usage, auquel cas la société est constituée débitrice de leur valeur au moment de l'apport. Les risques du bien transféré sont à la charge de la société. Les dettes sociales sont à sa charge aussi, et l'administrateur en répond sur ses propres biens ; les autres associés n'en répondent que sur leur avoir social.

Les droits et les obligations des associés sont les suivants. Si la durée de la Société n'est pas fixée, elle comprend le temps nécessaire pour la terminaison de l'affaire, et si cette affaire est illimitée elle-même, toute la vie des associés, sauf les autres cas de dissolution. En cas d'apports de biens en propriété, ils devront être évalués ; chacun est garant de l'éviction de ses apports et des vices cachés, de même qu'un vendeur ; s'il s'agit de la jouissance, il sera garant comme un bailleur ; en cas de retard de paiement d'une somme apportée, il devra les intérêts du jour du retard et, en outre, des dommages-intérêts, s'il y a faute ou dol de sa part ; il en est de même de l'associé qui distrait des fonds de la caisse sociale. Ceux qui ont apporté leur industrie la doivent tout entière à la Société, à défaut, tous les gains faits par ce moyen. Si l'associé administrateur, créancier de la même personne que la société, reçoit des fonds, il doit les répartir proportionnellement entre les deux créances, quand même la quittance serait donnée en son nom propre; s'il l'a donnée au nom de la société, tout le paiement profitera à celle-ci; bien entendu, cette règle doit céder devant celles établies plus haut sur l'imputation des paiements, mais seulement lorsque la créance personnelle de l'associé est moins onéreuse. L'associé qui aura reçu toute sa part d'une créance sociale devra, en cas d'insolvabilité du débiteur, rapporter ce qu'il aura reçu. L'associé répond des préjudices par lui causés, et ne peut en compenser le montant avec celui des plus-values qu'il aurait procurées dans d'autres cas. La part de chacun dans les gains et dans les pertes est proportionnelle à sa mise, à moins de convention contraire. Lorsque l'un des associés n'a apporté que son industrie, sans que celle-ci ait été évaluée, sa quote-part, si le travail était de nature à se faire par une autre personne, consistera dans ses honoraires; si le travail ne peut se faire par un autre, sa quote-part sera égale à celle du moindre apport en capital; s'il n'y a qu'un associé capitaliste et un associé industriel, ils partageront par moitié les gains; s'il y a plusieurs associés d'industrie, et que le travail ne puisse être fait par d'autres, la moitié des gains leur sera attribuée collectivement et ils la partageront entre eux suivant leurs conventions, à défaut, suivant sentence arbitrale. Si l'associé industriel a apporté aussi un certain capital, on opérera des deux façons différentes. Si, dans une société où il y a des associés de capital et d'autres d'industrie, il ne se trouve pas à la dissolution de gain définitif, le capital entier sera attribué aux capitalistes. Le mandat d'administrateur conféré à un des associés par le pacte social ne peut être révoqué, même par la majorité, sans cause valable : il en est autrement de celui conféré pendant la durée de la Société, il est révocable par la majorité. De même, l'administrateur nommé par le pacte social ne peut se démettre sans l'autorisation de la majorité, mais il peut se retirer de la société. Enfin on ne peut restreindre, sans le consentement de tous, les pouvoirs donnés à un associé par les statuts : la majorité peut modifier ou retirer ceux conférés au cours de la Société ; cette majorité se compte par chiffre d'apport et non par têtes. Il faut un pouvoir spécial pour aliéner, engager, hypothéquer ou grever les choses sociales et pour emprunter : en cas d'urgence, l'administrateur peut passer outre, mais il n'est alors qu'un gérant d'affaires. S'il y a plusieurs administrateurs, chacun peut agir de son côté ; on peut cependant, lors de la nomination, convenir du contraire. Lorsqu'il n'a pas été nommé d'administrateurs, tous les associés ont le pouvoir d'administrer, sauf le droit d'opposition des autres ; chacun pourra se servir des choses sociales et contraindre les autres à contribuer aux dépenses nécessaires, mais aucun ne pourra obliger la société ni aliéner les biens. En cas de désaccord, c'est la majorité qui décide ; si on ne peut l'obtenir, on s'en remettra à ceux qui représentent le plus grand intérêt dans le fonds commun, à moins qu'ils ne soient représentés par un seul ; à défaut, le différend sera tranché par un arbitre. Dans la société par actions, chaque associé peut vendre sa part, mais alors les autres auront un droit de préemption ; si plusieurs à la fois veulent en faire usage, il leur appartiendra proportionnellement, et le temps concédé pour délibérer sera de quinze jours à partir de l'avis qui leur aura été donné.

Vis-à-vis des tiers, les modifications des pouvoirs de l'administrateur seront sans effet s'il n'en est pas dressé un écrit, mentionné sur l'acte de société et sur le procès-verbal ; l'administrateur nommé par les statuts a seul la signature sociale ; il n'oblige la société qu'avec cette signature. Les associés ne sont pas tenus solidairement des dettes ; ils répondent en proportion de leur quote-part, même vis-à-vis des créanciers. Sur le fonds social, les créanciers sociaux sont payés avant ceux personnels des associés ; ces derniers pourront provoquer le partage, alors la société sera dissoute et l'associé exécuté devra tous dommages-intérêts.

La société s'éteint : 1° par l'expiration du temps convenu ; 2° par la terminaison de l'affaire ou la perte de la chose ; 3° par la mort ou l'insolvabilité d'un des associés ; 4° par la renonciation de l'un d'eux, dénoncée, non malicieuse, ni faite à contre-temps ; 5° par le retrait de l'associé administrateur nommé par les statuts. La renonciation est de mauvaise foi quand elle a pour but de s'approprier des gains que la société eût acquis. On peut stipuler que la société continuera avec les héritiers d'un héritier décédé ou entre les associés survivants ; dans le dernier de ces cas, les héritiers du décédé auront droit à ce qui revenait à leur auteur au moment de sa mort, et, pour la période postérieure, seulement à ce qui aura été une conséquence nécessaire des opérations antérieures. La dissolution par retrait n'a lieu que dans les sociétés à durée limitée, à moins de cause légitime.

Le Code mexicain place ici les règles relatives au bail à moitié *(aparcería rural)*. Ce bail se divise en deux branches : celle agricole et celle de troupeaux (cheptel). La première est le louage dont le prix consiste en une part de fruits : le second, est un bail dans lequel une personne livre à une autre les têtes de bétail pour les soigner et les nourrir, et partager les gains. Le bail à moitié est résolu de plein droit par la mort de l'une des parties, à moins de convention contraire : si lors du décès du propriétaire, le fermier a labouré le terrain et préparé la culture, le bail continue pendant l'année. Les fermiers à louage partiaire ne peuvent faire les récoltes sans en avoir avisé le propriétaire, s'il est présent dans le district, ou autrement, sans la présence de témoins qui comptent et pèsent les récoltes, sous peine de payer le double. Le cheptel se règle d'après les conventions ou les usages, sauf les dispositions suivantes. Le preneur devra au bétail confié les mêmes soins qu'au sien propre. La perte par cas fortuit est à la charge du propriétaire, qui aura droit, par contre, à la dépouille des animaux. Est nulle la convention qui mettrait toutes les pertes par cas fortuit à la charge du preneur. Aucune des deux parties ne peut disposer d'une tête de bétail, ni du croît, sans le consentement de l'autre ; la tonte ne peut être faite par le preneur sans en aviser le bailleur, sous peine de payer le double de la part de celui-ci. Quant à la durée, on suivra l'usage. Les créanciers du propriétaire seul peuvent saisir le troupeau, en respectant les droits du preneur ; ceux du preneur ne peuvent saisir les têtes de bétail, mais seulement ses droits. Si le preneur aliène autrement que par adjudication, le propriétaire peut revendiquer. Lorsque le propriétaire n'exige pas sa part dans les soixante jours, il y a tacite réconduction pour une nouvelle année.

Du Mandat. — Ce titre comprend aussi comme

accessoire la gestion d'affaires, le Code mexicain ne contenant pas de titre spécial pour les quasi-contrats, pas plus que pour les quasi-délits. Le mandat doit être spécial quand il s'agit d'aliéner, d'hypothéquer. Il doit être constaté par acte authentique : 1° lorsqu'il est général ; 2° lorsqu'il s'agit d'une affaire de plus de 1,000 *pesos* ; 3° lorsqu'on donne pouvoir de faire un acte qui, lui-même, doit être constaté authentiquement ; 4° quand le mandataire doit passer des actes judiciaires qui doivent être rédigés par écrit. Le mandat doit être écrit quand l'objet dépasse 3oo *pesos*. Il peut être verbal quand la valeur n'atteint pas ce chiffre. Ces prescriptions sont édictées à peine de nullité quant aux obligations contractées entre le mandant et un autre tiers ; mais celles entre le tiers de bonne foi et le mandataire conservent leur force ; dans ce cas, le mandant peut exiger du mandataire la restitution des sommes que celui-ci aurait reçues. Que si le mandant, le mandataire et le tiers qui a traité avec ce dernier, sont de mauvaise foi, aucun d'eux n'aura d'action contre les autres. La femme et les mineurs au-dessus de dix-huit ans peuvent être mandataires, mais avec l'autorisation du mari ou du tuteur. A défaut, le mandat serait nul.

Le Code règle ensuite les obligations du mandataire envers le mandant et du mandant envers le mandataire, enfin, les rapports du mandant et du mandataire envers le tiers. Le mandataire doit les mêmes soins qu'à ses propres affaires ; il ne peut compenser les préjudices qu'il a causés avec les profits qu'il a procurés dans d'autres circonstances ; il doit payer les intérêts des fonds du mandant qu'il a employés à son profit. Il n'y a pas de solidarité entre les co-mandataires; chacun ne répond que de ses actes, et si aucun n'exécute le mandat, la responsabilité se divise entre eux également. Le mandataire peut substituer, si on lui en a accordé la faculté; il n'est responsable alors du substitué que lorsqu'il l'a choisi de mauvaise foi ou lorsque ce substitué est notoirement insolvable. De son côté, le mandant doit payer le salaire convenu et l'indemniser de tous les frais, même lorsque l'affaire n'a pas réussi. Au lieu d'être par nature gratuit, comme dans notre droit, le mandat est, au contraire, salarié, sauf convention contraire. A la différence des co-mandataires, les co-mandants sont solidaires entre eux, ce qui est conforme à notre droit. Le mandant doit au mandataire les intérêts de ses avances. Les autres obligations réciproques sont celles qui existent dans toutes les législations et qui résultent du bon sens. En ce qui concerne les tiers, le mandant n'est pas tenu, si le mandataire a dépassé les limites de son mandat; le tiers n'aura même pas de recours contre le mandataire, si celui-ci a fait connaître son mandant.

Le mandat judiciaire se distingue de l'ordinaire sur certains points ; sont exclus de ce mandat : 1° les femmes, excepté pour leurs maris, leurs descendants ou leurs ascendants, en l'absence de ceux-ci ; 2° les mineurs ; 3° les juges dans le ressort de leur juridiction ; 4° les secrétaires, les greffiers dans la même limite ; 5° les employés du Trésor, en ce qui concerne leurs fonctions dans leur ressort. Le mandat judiciaire doit être passé par acte authentique, mais si l'importance de l'affaire ne dépasse pas mille pesos, il pourra suffire d'un acte sous signatures privées signé de deux témoins, ou ratifié par le mandataire devant le juge qui peut exiger cette ratification. Les juges doivent vérifier la capacité du mandataire *ad litem*, et l'adversaire peut toujours contester le pouvoir. On n'admettra pas en justice la procuration donnée à deux ou plusieurs personnes avec clause qu'elles ne pourront agir que de concert ; si les mandataires *ad litem* sans cette clause se présentent pour s'expliquer sur le même sujet, le juge peut les mettre en demeure de décider dans les trois jours auquel d'entre eux la représentation appartiendra : à défaut, il fera lui-même ce choix. Le mandataire judiciaire a besoin de pouvoirs spéciaux pour se désister, transiger, compromettre, faire cession de biens, récuser, recevoir des fonds. Le mandat judiciaire ne peut être accordé à la fois à deux mandataires, avec l'obligation d'agir de concert : s'il en est autrement, le juge doit leur impartir un délai de trois jours, pour désigner l'un d'entre eux comme *dominus litis*. Le même avoué ou avocat ne peut occuper pour deux parties ayant des intérêts contraires ; il peut se désister ou substituer, mais à charge d'aviser le client. Le procureur qui a substitué peut révoquer la substitution. Une partie peut ratifier avant le jugement ce qu'a fait le mandataire en excédant ses pouvoirs. Si le jugement vient à être déclaré nul par défaut de mandat, le mandataire et le juge sont responsables solidairement du dommage causé à l'autre partie.

Le mandat finit par la révocation, la renonciation, la mort du mandant ou du mandataire, l'interdiction de l'un ou de l'autre, l'échéance du terme ou la fin de l'affaire, et dans les cas prévus au titre de l'absence. Le mandant peut exiger la restitution de la procuration et toutes les pièces. En cas de décès du mandant, le mandataire doit gérer provisoirement, mais il peut demander au juge d'impartir aux héritiers du mandant un délai pour reprendre la suite des affaires. En cas de décès du mandataire, ses héritiers doivent en donner avis. Si après la cessation du mandat, le mandataire traite avec un tiers qui ignore cette cessation, l'acte est valable.

De la Gestion d'Affaires. — La gestion d'affaires est l'imitation du mandat. Si le maître veut s'approprier l'affaire gérée, il doit indemniser le gérant de toutes ses dépenses ; au cas contraire, le gérant doit remettre les choses dans l'état antérieur ; si ce rétablissement est impossible et que les bénéfices dépassent le préjudice causé, il s'opérera une compensation ; si les bénéfices n'excédent pas le préjudice, le maître peut contraindre le gérant à prendre l'affaire pour son compte. Si le maître a eu connaissance de la gestion et ne s'y est pas opposé, il sera considéré comme ayant consenti ; mais il ne sera pas obligé par cette gestion si elle ne lui profite pas. Le gérant qui a commencé une affaire est tenu de la terminer. Si l'affaire est commune au gérant et au maître, le gérant sera considéré comme un associé, et le maître ne sera tenu que *de in rem verso*.

Du Contrat de Travail. — Le contrat de travail comprend : 1º la prestation de service professionnel ; 2º le service domestique ; 3º le service journalier ; 4º le travail à forfait ou aux enchères ; 5º le contrat de transport ; 6º celui d'apprentissage ; 7º celui d'hôtellerie.

De la Prestation de Services professionnels. —

Ce chapitre a été ajouté lors de la revision du Code. S'il n'y a pas eu de convention au sujet des honoraires, ceux-ci se régleront d'après les usages, la fortune de l'un et la réputation de l'autre ; s'il existe un tarif, on s'y conformera, on aura droit aux intérêts des avances du jour où elles ont eu lieu. Le paiement se fait à la cessation des services. Ceux qui ont commandé la prestation seront tenus solidairement. Même en cas d'insuccès, les honoraires sont dus.

Du Service domestique. — Le service domestique suppose que le maître et le serviteur vivent sous le même toit ; il ne peut être à perpétuité ; la liberté de ses stipulations est limitée par les règles suivantes :

S'il s'agit d'un service qui ait un terme fixe, comme un voyage, le contrat cessera lorsque son objet aura été atteint. Les nourrices sont engagées pour tout le temps où l'allaitement est nécessaire. En ce qui concerne les salaires, à défaut de conventions, on suit les usages du lieu. Si le service n'a pas été délimité, quant à sa nature, il s'étend à tout ce que le serviteur peut faire. S'il n'y a pas de terme fixé, le contrat peut se résilier à la volonté de chacune des parties, à charge de se prévenir respectivement huit jours d'avance, le maître pourra congédier de suite en payant ces huit jours. Si le serviteur est congédié étant à plus de vingt lieues de son domicile, le maître devra lui payer un mois de salaire. En cas de délai convenu, le serviteur ne peut se retirer sans de justes causes qui consistent, par exemple, dans les faits suivants : obligations contractées antérieurement, danger de grand dommage, non accomplissement des obligations corrélatives, maladie, changement de domicile du maître ; s'il n'y a pas de motif légitime, le serviteur perd ses droits au salaire gagné, et est passible, en outre, de dommages-intérêts. De son côté, le maître ne peut renvoyer que dans les cas suivants, lorsque l'engagement est pour un temps fixé, savoir : incapacité, vices, maladie, mauvaise conduite du serviteur, insolvabilité du maître ; hors de ces cas, il doit le salaire de toute l'année. Le maître doit prendre soin du serviteur en cas de maladie, mais en déduction sur les gages de celui-ci. Le contrat est résolu par le décès du maître ou par celui du serviteur. Sur les gages, le maître peut retenir le montant des dommages causés par le serviteur, mais s'il ne fait cette rétention à l'instant même, il n'aura pas d'action plus tard.

Du Service journalier. — Le service journalier est celui qui a lieu moyennant une rétribution fixée par jour ; quant au paiement, il est quotidien ou hebdomadaire, suivant les conventions. Si l'ouvrier est embauché pour la durée d'un travail, il ne pourra être congédié auparavant et il ne pourra non plus se retirer, sous peine de payer ou de perdre le salaire correspondant à ce temps. Si l'interruption a lieu par force majeure, le paiement se fera au prorata du temps écoulé. Si le travail se termine avant la fin du jour, mais après midi, le jour entier sera dû. L'ouvrier est responsable de la perte de tout objet qui lui aura été confié, à moins qu'il ne prouve qu'il n'est pas en faute.

Le travail à forfait (*a destajo*) peut se faire, soit que l'entrepreneur fournisse seulement la main-d'œuvre, soit qu'il fournisse aussi les matériaux, pour un prix fixé. S'il s'agit d'un travail à faire sur un immeuble d'une valeur de plus de 100 pesos, l'acte doit être rédigé par écrit et accompagné de plans et de devis : à défaut de ces plans et devis, en cas de contestation, le litige se décidera au profit du maître. Celui qui travaille à forfait n'a pas à présenter de compte. L'architecte (*perito*) qui a dressé le plan ne peut eur éclamer la rémunération en sus de ses honoraires, à moins que le travail reste non exécuté par la faute du maître ; mais il n'est pas dû d'honoraires pour les plans quand plusieurs ont été invités à en dresser un pour que le maître puisse choisir. Celui seul dont le plan aura été accepté pourra en réclamer. S'il n'y a pas eu de prix fixé d'avance pour un travail, il sera estimé d'après les tarifs, ou à défaut, d'après l'avis des experts. Une fois le prix reçu, on ne peut plus élever de réclamations, à moins de réserves faites. Lorsque l'entrepreneur fournit les matériaux, il supporte tous les risques jusqu'au jour de la livraison, à moins que le maître n'ait été constitué en demeure. S'il ne fournit que son industrie, c'est, au contraire, le maître qui supporte tous les risques, à moins de faute ou de mise en demeure de l'entrepreneur. La faute de celui-ci est présumée, si l'objet périt lorsqu'il est entre ses mains. Il est aussi responsable du vice des matériaux, s'il n'a pas prévenu le maître. Dans ce cas, il ne peut réclamer aucune indemnité. L'architecte ou l'entrepreneur d'une construction, qu'il ait ou non fourni les matériaux, demeure responsable pendant dix ans à partir du jour de la livraison, en cas d'écroulement par vice des matériaux ou du sol, à moins qu'il n'en eût avisé le propriétaire. Celui qui s'oblige à faire un travail par portions, peut exiger des réceptions partielles, la partie payée est réputée et approuvée reçue lorsqu'il n'y a pas de terme fixé pour la terminaison du travail, les experts doivent la déterminer. Comme chez nous, l'entrepreneur ne peut faire payer aucune augmentation des devis primitifs, à moins que le maître ne l'ait autorisé par écrit; mais il n'en est pas de même s'il s'agit d'un entrepreneur qui ne fournit que son industrie. Il ne peut se substituer une autre personne. Le maître peut résilier le contrat fait à prix fixe en l'indemnisant de ses dépenses et du travail fait. Si l'entrepreneur vient à décéder, on peut résilier, mais il faut lui payer ce qui a été déjà exécuté. Si c'est le maître qui meurt, le contrat ne sera pas résolu. Les ouvriers de l'entrepreneur, ou ses fournisseurs, ou les sous-entrepreneurs n'ont pas d'action contre le maître, si ce n'est pour ce qui lui revient à la fin de l'entreprise. Le constructeur jouit d'un droit de rétention.

Du Contrat de Transport. — Le contrat de transport est une variété de celui de travail : il est régi par le Code de Commerce, toutes les fois qu'il s'agit d'un établissement régulier et permanent : dans les autres cas, par le Code civil. L'entrepreneur de transport répond de tout dommage causé aux personnes ou aux objets dans l'exécution du transport, à moins qu'il ne prouve la force majeure ou le vice de ces objets : il répond aussi du défaut de livraison, des retards, des changements d'itinéraire et enfin des contraventions aux lois fiscales. Il doit tenir un registre des objets reçus. Les actions nées du contrat de transport se prescrivent par six mois à partir de la fin du voyage. Le loueur de cheval ou de voiture (*alquilador*) répond de tous les vices des moyens de transport, il répond aussi de la mort ou des maladies de l'animal loué. Le voiturier jouit d'un privilège.

De l'Apprentissage. — Le contrat d'apprentissage doit être passé par écrit devant deux témoins ; si l'un des contractants ne sait pas signer, une personne autre que les témoins le fera pour lui ; cet acte doit indiquer, sous peine de nullité, la durée de l'apprentissage. Si le maître renvoie l'apprenti avant l'époque fixée, il devra l'indemniser, de même l'apprenti qui le quitte sans juste motif doit des dommages-intérêts. Les causes justes de rupture sont les mêmes qu'entre le maître et le serviteur.

Le contrat *d'hospedaje* est la dernière forme du contrat de travail prévue par le Code mexicain ; il a lieu lorsqu'on fournit à autrui l'entretien et le logement ou seulement le logement moyennant salaire. Les conditions se règlent d'après l'usage et d'après l'avis écrit que l'hôtelier doit afficher.

Du Dépôt et du Séquestre. — Les règles sont les mêmes, en général, qu'en droit français et que dans toutes les législations, il nous suffira donc de signaler les divergences. Le dépositaire qui nie le dépôt ou détourne l'objet déposé sera passible des peines du vol ou du faux ; l'incapable qui s'est chargé d'un dépôt peut se retrancher derrière son incapacité pour se soustraire aux dommages-intérêts réclamés, mais sera tenu de restituer l'objet en nature ou sa valeur jusqu'à concurrence du *de in rem verso*; si l'incapacité n'est pas absolue, l'incapable peut être condamné à des dommages-intérêts s'il a agi avec dol ou de mauvaise foi. Le dépôt irrégulier suit les règles du prêt de consommation.

Si le dépôt a pour objet du numéraire, le dépositaire qui l'emploie à son usage en doit les intérêts du

jour de l'emploi; il les doit aussi à partir de la mise
en demeure. Le dépôt ne doit être restitué qu'au propriétaire de l'objet; si le dépositaire apprend que le
propriétaire est un autre que le déposant, il devra en
aviser la justice; si dans les huit jours il n'a pas reçu
l'ordre de le retenir, il peut le remettre au déposant.
S'il y a eu plusieurs déposants, on ne peut restituer le
dépôt qu'à tous réunis. Le déposant a le droit de
redemander l'objet déposé, même avant le terme fixé.
Le dépositaire peut aussi dans ce cas rendre l'objet,
mais pour une juste cause; il le peut sans cause s'il
n'y a pas de terme. Il n'a pas de droit de rétention pour
être indemnisé de ses frais, mais le juge peut lui en
accorder un. Le séquestre, variété du dépôt, ne donne
lieu à aucunes dispositions nouvelles.

Des Donations. — La donation tient sa place au
milieu des autres contrats, comme contrat à titre gratuit, et précède ceux à titre aléatoire; elle n'a point
obtenu, comme dans notre Code, une place spéciale à
côté des legs et des successions. Elle ne peut comprendre les biens à venir; elle peut être, comme les
autres contrats, pure et simple ou conditionnelle, elle
peut être rémunératoire, et même à titre onéreux si elle
contient des charges; dans ce cas l'excédent est seul
considéré comme une libéralité; les donations qui ont
lieu pour une époque postérieure au décès sont assi-
milés aux legs. Toute donation est irrévocable à partir
du moment où elle est acceptée et où l'acceptation est
notifiée au donateur. Elle peut être verbale ou par écrit,
mais la première n'est admise que pour les meubles,
et s'il s'agit d'une valeur inférieure à 200 pesos. L'acte
doit être authentique s'il s'agit d'immeubles, et est

ensuite inscrit sur un registre. Il indique la valeur de chaque meuble, la nature immobilière et les charges et obligations imposées. L'acceptation ne peut intervenir après le décès du donateur. Est nulle la donation qui porte sur tous les biens du donateur, si celui-ci ne se conserve pas le nécessaire pour vivre ou l'usufruit du bien donné. Est considérée comme inofficieuse et par conséquent, comme réductible, la donation qui ôte au donateur la faculté de laisser des aliments à ses descendants, à ses ascendants et à son conjoint, aliments auxquels ils ont droit à titre successoral. Lorsque celui qui fait une donation générale de tous ses biens pour cause de mort se réserve de tester pour quelques-uns sans autre explication, cette réserve porte sur le tiers des biens donnés ; si le donateur dispose de son tiers légal, c'est alors le tiers du tiers qui est présumé réservé ; s'il n'en dispose pas ensuite, il appartiendra à ses héritiers, à défaut seulement, aux héritiers du donataire, la succession par le fisc est alors exclue, le tout, sauf clause contraire. La donation faite en faveur de plusieurs personnes ne donne à aucune d'elles le droit d'accroissement, à moins de stipulation en ce sens. Le donateur n'est garant en cas d'éviction que s'il l'a promis. La condition de payer les dettes du donateur ne comprend que celles qui existaient avec une date authentique à l'époque de la donation ; dans ce cas, lorsque les biens donnés sont des corps certains, le donataire ne répondra des dettes que s'il a été constitué une hypothèque sur les biens donnés ou en cas de fraude au préjudice des créanciers. Si la donation comprend tous les biens, le donataire est responsable de toutes les dettes antérieures, mais seulement *intrà vires* des biens donnés. Il suffit d'être conçu pour recevoir une donation pourvu qu'on naisse viable. En cas d'incapacité, sont présumés personnes interposées les descendants, les ascendants et le conjoint.

La donation est révoquée par la survenance d'enfants légitimes, légitimés, *naturales* ou *espurios*, excepté s'il s'agit : 1° de moins de 200 *pesos* ; 2° de donations anténuptiales ; 3° si elle est faite à l'un des conjoints pendant le mariage ; lorsque dans ce cas l'enfant légitime est posthume, la donation sera révoquée en totalité ; dans les autres cas, elle sera seulement inofficieuse et réductible de manière à permettre de fournir les aliments dus à titre de succession, à moins que le donataire ne se charge de nourrir les enfants survenus ; alors on doit restituer, en cas d'aliénation antérieure à cette survenance, la valeur des biens donnés ; en cas d'hypothèque consentie, cette hypothèque subsiste, mais le donateur exigera le dégrèvement ; s'il s'agit d'un usufruit ou d'une servitude, ces droits seront résolus. Lorsque la restitution en nature est impossible, la valeur à payer est celle qui existait à l'époque de la donation ; les fruits sont acquis jusqu'au jour de la naissance. L'action en révocation n'est transmissible qu'aux enfants et à leurs descendants légitimes ; elle se prescrit par vingt ans à partir de cette naissance. Le Code mexicain admet aussi la révocation pour cause d'inexécution des conditions et celle pour ingratitude dans les cas suivants : 1° si le donataire commet un délit contre la personne, l'honneur ou les biens du donateur ; 2° s'il l'accuse d'une infraction qui peut être poursuivie d'office, même justement, à moins qu'elle n'ait été commise contre le donataire lui-même, son conjoint, ses ascendants ou ses descendants légitimes ; 3° s'il refuse de secourir le donateur dans le besoin. A cette révocation on ap-

plique les mêmes exceptions qu'à celle pour survenance d'enfants, la restitution se fait de la même valeur
et dans les mêmes conditions, en particulier, en cas
d'aliénation et d'affectation hypothécaire ; mais les
hypothèques antérieures à l'inscription de la demande
seront seules conservées, et on ne restituera que les
fruits perçus depuis lors. Cette révocation se prescrit
par le laps d'un an depuis le jour où l'on a eu connaissance des faits ; l'action ne peut être commencée contre
les héritiers du donataire, ni par les héritiers du donateur, si celui-ci le pouvant ne l'a pas intentée. Enfin,
la donation peut être réduite comme inofficieuse dans
les cas prévus au titre des successions, quand elle empêche l'acquit de la dette alimentaire, mais si le préjudice causé par elle n'égale pas la valeur des biens donnés,
il n'y aura lieu qu'à simple réduction. La révocation
ou la réduction pour inofficiosité n'aura pas lieu quand
au décès le donataire se charge de fournir les aliments
et donne des sûretés pour cet engagement. La donation
peut aussi être atteinte par l'action Paulienne. La réduction porte d'abord sur les donations les plus
récentes, en remontant en arrière ; s'il s'agit d'un
meuble, on l'estime à sa valeur au moment de la donation ; s'il s'agit d'immeubles divisibles, la réduction
se fait en nature ; si l'immeuble ne peut se diviser et
si la partie réduite excède la moitié, il rentrera en
entier dans la succession et le donataire recevra une
indemnité en espèces ; dans le cas contraire, le donataire garde tout l'immeuble en payant un retour. Le
donataire est comptable des fruits à partir de la demande, mais s'il est en même temps héritier, il n'en
répond que depuis la mort du donateur. Il faut noter
que la réserve est abolie depuis 1884, ou que du moins

elle ne consiste plus qu'en une pension alimentaire au profit de certaines personnes.

DU PRÊT. — Les dispositions à ce sujet sont assez restreintes, comme dans tous les Codes. Il comprend deux contrats distincts : le *commodat* gratuit et s'appliquant aux choses non fongibles, et le *mutuum*, gratuit ou salarié, d'une chose fongible. S'il y a nullité en raison de l'incapacité de l'un des contractants, l'exception de nullité ne compète pas à la caution qui a comparu au contrat, si elle ne prouve pas qu'à cette époque elle ignorait l'incapacité. Lorsque le commodataire paie un salaire, le commodat se change en un contrat de de louage. Les règles du commodat sont les mêmes que celles tracées par le Code civil français. Il faut noter que le commodant doit apporter la même diligence qu'à ses propres affaires, qu'il répond de la perte s'il emploie à un autre usage, ou s'il dépasse le terme, ou si ayant pu préserver la chose prêtée en employant la sienne propre, il ne l'a pas fait, ou encore si ne pouvant sauver qu'une des deux, il a préféré la sienne ; dans tous ces cas il répond même du cas fortuit ; il en est de même si la chose a été livrée avec estimation. Aucun droit de rétention pour ses impenses ne lui est concédé. S'il y a plusieurs commodataires, ils sont solidairement tenus. Le commodant pourra exiger la restitution avant le terme convenu, s'il a un besoin pressant de la chose, ou s'il y a péril de perte entre les mains du commodataire.

Le mutuum est simple ou à intérêts. Dans le mutuum simple, lorsque le terme n'a pas été stipulé, il sera fixé de la manière suivante : si l'emprunteur est un cultivateur et que le prêt consiste en céréales ou autres fruits, le paiement se fera lors de la moisson suivante, en produits semblables ; il en est de même pour les non-cultivateurs qui perçoivent les fruits similaires de leur terre ; dans tous les autres cas, l'exigibilité a lieu au jour de la demande. S'il n'y a pas de lieu convenu pour le remboursement, le prêt, consistant en effets, se rembourse au lieu où il a eu lieu ; celui consistan en espèces, au domicile du prêteur. A défaut de paiement possible en objets de même espèce, on paie la valeur de la chose prêtée au temps et au lieu de la prestation. Si le prêt est fait en une monnaie, on doit rendre cette monnaie même, quelle qu'en soit la valeur actuelle ; si, au contraire, on ne peut la fournir, on doit prester la quantité de monnaie courante qui correspond à la valeur reçue. Les intérêts sont dus à partir de la mise en demeure. La clause de payer quand on pourra se convertit en terme fixé par les tribunaux. Les intérêts légaux sont de 6 o/o ; le conventionnel est entièrement libre ; l'imputation des paiements doit se faire d'abord sur eux. Les intérêts des intérêts ne sont dus qu'en cas de clause expresse. La quittance du capital sans réserve emporte celle des intérêts. La fixation de ceux-ci doit être portée au contrat s'ils excèdent les intérêts légaux ; cette circonstance ne peut se prouver que par titre.

Des Contrats aléatoires. — La définition est rigoureusement exacte : les contrats aléatoires sont ceux dont les effets, quant au gain et à la perte, soit pour toutes les parties, soit pour l'une d'elles, dépendent d'un événement incertain. Leur nomenclature est la suivante : 1° le contrat d'assurance ; 2° le prêt à la grosse ; 3° le jeu et le pari ; 4° le contrat de rente viagère ; 5° la société minière ; 6° la vente d'un droit à l'état d'espérance. Le second de ces contrats est du ressort du droit commercial ; le cinquième de celui du droit administratif. Tout contrat aléatoire devient un contrat à titre gratuit ou conditionnel, si celui qui doit recevoir la prestation n'est sujet à aucune contre-prestation lors de l'événement.

Du Jeu et du Pari. — Le jeu et le pari sont l'objet d'un petit nombre de dispositions. Le premier ne donne pas d'action en justice lorsqu'il dépend du pur hasard, sans mélange de l'activité de l'esprit ou s'il a lieu avec les moyens illicites ; mais les jeux, même licites, n'en donnent pas non plus s'ils excèdent 100 *pesos* ; si, pour éluder cette dernière règle, on suppose plusieurs mises de quantité moindre, le demandeur perdra tout droit, sans préjudice des peines répressives. Mais la répétition des sommes payées n'est pas admise, si ce n'est : 1° en cas de dol ou de fraude de l'autre partie, ou de toute autre infraction à une prohibition de droit commun ; 2° lorsqu'il s'agit d'un droit prohibé. Cette dernière disposition est très curieuse : il en résulte que, dans la plupart des cas la répétition est admise, qu'elle l'est toujours dans les jeux de pur hasard. Si c'est l'argent d'autrui qu'on a joué à l'insu du propriétaire, celui-ci peut se faire rembourser. Les paris faits de bonne foi et en dehors du jeu, sont valables quand ils n'excèdent pas 100 *pesos* ; ils sont réputés de mauvaise foi lorsqu'une des parties connaissait l'événement sur lequel on a parié ; il n'est pas nécessaire que le pari soit égal des deux côtés ; celui analogue au jeu prohibé est prohibé lui-même.

De la Rente viagère. — La rente viagère peut être constituée à titre gratuit ou à titre onéreux, sur la vie d'un bailleur de fonds, ou sur celle d'un tiers, ou sur celle de plusieurs, enfin au profit de personnes autres que celles sur la tête desquelles elle est établie. Dans le cas de rente au profit d'autrui sans contre-valeur de sa part, il y a donation à son profit : et cependant, les règles de la donation n'ont pas besoin d'être observées, sauf en ce qui concerne l'incapacité et la réduction. Le contrat est nul si la personne sur la tête de laquelle la rente repose est décédée au moment de sa passation ou dans les trente jours suivants. En cas de rente viagère léguée, le légataire peut exiger hypothèque de l'héritier. Le simple défaut de paiement de la rente n'entraîne pas la résolution et le remboursement du capital ; le créancier n'a que le droit de poursuivre en paiement et en dation de sûreté. Le constituant ne peut non plus se délier en offrant le remboursement du capital et en abandonnant les arrérages payés. A l'expiration, la rente de l'année en cours se paie au prorata du temps écoulé, à moins qu'elle ne soit payable par anticipation. Le constituant à titre gratuit peut stipuler la rente insaisissable, mais le droit de l'État pour les impôts est réservé ; celle constituée à titre alimentaire ne peut être saisie que pour la portion fixée par le juge. Le debi-rentier qui a donné la mort à celui sur la tête duquel elle est constituée sera déchu de tous droits.

De la Compra d'Esperança. — La *compra d'esperança* a pour objet les fruits futurs d'une chose ou les produits incertains d'une action qui peut s'évaluer en argent. Si le vendeur accomplit le fait prévu d'accord avec l'acheteur, il a action pour obtenir le prix, que le fait ait eu ou non l'effet voulu ; si c'est sans accord, il n'a droit au prix que si l'effet a été obtenu. Dans ce contrat, les risques de l'objet incombent toujours à l'acquéreur. Pour le surplus, on règle ce contrat d'après les principes de la vente.

DU CONTRAT D'ASSURANCE. — Un des contrats aléatoires les plus importants avec celui de rente viagère est le contrat d'assurance. C'est un mérite du Code mexicain de lui avoir fait une place parmi les matières du droit civil. La plupart des autres législations l'ont passé sous silence, quelques-unes en ont fait l'objet de lois spéciales ; l'assurance maritime seule est traitée dans les différents codes de commerce. Cette matière est très vaste ; les deux branches principales sont l'assurance sur la vie et celle contre l'incendie, outre celle contre les risques maritimes qui rentre dans un autre droit. Le Code mexicain ne traite d'ailleurs que de l'assurance en général, sans entrer dans ces diverses distinctions.

Le contrat d'assurance doit être passé par acte authentique ; on peut stipuler pour soi ou pour ses héritiers ou pour d'autres personnes : le terme, l'événement, doivent être clairement indiqués, de même l'objet assuré et les risques ; l'assurance peut se borner au cas de perte ou s'étendre à la simple détérioration ; si elle est partielle, l'assureur ne répond que de la portion désignée, même en cas de perte totale ; il en est de même lorsqu'il s'agit de l'assurance d'une certaine part d'une créance. Le tuteur n'a pas capacité suffisante pour se faire assureur au nom du mineur. S'il y a plusieurs assureurs, ils sont indépendants les

uns des autres, et l'un ne peut exiger que l'assuré lui
cède ses actions contre les autres assureurs. Le cas
fortuit ne comprend pas la force majeure, à moins de
convention expresse. L'assureur doit payer la somme
stipulée, et ne peut se plaindre parce que la valeur
serait moins grande, de même que l'assuré ne peut
réclamer une valeur supérieure ; mais il peut, au lieu
de payer l'indemnité, remplacer la chose perdue par
une autre semblable, le juge fixe les délais dans ce
cas ; s'il a promis directement le remplacement, l'assureur le doit, quels qu'en soient les frais. S'il paie
en argent, il peut exiger qu'on lui remette ce qui reste
de l'objet ; il n'a pas le droit de retarder le paiement
jusqu'à ce que l'assuré ait exercé conjointement avec
lui un recours contre les tiers responsables. En cas de
sauvetage de l'objet assuré, l'assureur doit payer les
frais de ce sauvetage et les dégâts qu'il a occasionnés,
à moins qu'il ne préfère solder le montant de la
somme assurée. Lorsque l'objet est consommé, ou
transformé par l'assuré ou avec son consentement,
l'assureur est libéré, quoiqu'il y ait perte ensuite.
L'assurance peut être contractée, non seulement par
le propriétaire de l'objet, mais par toute personne
ayant intérêt à sa conservation ; dans ce cas, c'est cette
personne qui touchera l'indemnité, mais elle ne pourra
en conserver que ce qui correspondra à son intérêt,
le propriétaire encaissera le surplus et bonifiera à
l'assuré la part qui doit lui revenir. Dans les six jours
du sinistre, l'assuré doit en donner avis à l'assureur
sous peine de déchéance ; c'est à celui qui a subi le
dommage de prouver que ce dommage est arrivé sans
sa faute et par cas fortuit ; il y a faute en matière
d'assurance, non seulement dans les cas ordinaires

mais aussi lorsque l'assuré a employé l'objet à un usage indû, et lorsqu'il n'a pas cherché à écarter le sinistre survenu et à diminuer le dommage. Le propriétaire qui a un recours contre des tiers, doit l'exercer de concert avec l'assureur sur la somme ainsi obtenue; l'assureur se remboursera d'abord. Le contrat d'assurance est nul si, lorsqu'il a été conclu, l'assuré savait que le sinistre s'était déjà produit, ou l'assureur, que les biens assurés avaient déjà été sauvés. En cas de bonne foi ou d'ignorance des deux côtés, le contrat sera valable, quoique l'objet eût déjà péri ou eût été déjà sauvé. La police doit mentionner le montant de la prime et celui de l'indemnité en cas de sinistre ; en cas de simple détérioration, une expertise sera nécessaire. Le montant de la prime est librement fixé par les parties ; elle consiste en une somme unique ou en annuités ; dans le premier cas, lors du sinistre, l'assuré ne peut en demander le remboursement ; dans le second, l'assureur a le droit de déduire de l'indemnité les primes non encore payées et qui devaient échoir pendant toute la durée du contrat, à moins de clause contraire contenue dans la police. En cas de non paiement des primes aux échéances, l'assureur ne sera plus responsable, si le sinistre arrive pendant que les paiements étaient en souffrance.

Les diverses assurances particulières sont celles sur la vie, sur les actions et droits, sur les immeubles, sur les meubles. Il y en a d'autres encore : sur les transports, par exemple.

L'assurance sur la vie ne peut être faite que par la personne sur la tête de laquelle elle repose, et le capital fait partie de la succession. Les personnes qui auraient donné la mort à l'assuré seront déchues de tous droits. Le suicide rend nulle l'assurance, mais les héritiers du suicidé ont le droit d'exiger la restitution de la prime.

Les actions et droits, même litigieux, peuvent être l'objet d'une assurance, mais non s'il s'agit de ceux à une succession non encore ouverte. L'assureur est libéré, si l'assuré transige, ou est condamné de connivence avec son adversaire.

Un commerçant ou un industriel ne peut assurer son établissement dans l'immeuble d'autrui sans assurer en même temps la valeur de l'immeuble au profit du propriétaire ; s'il résulte de cette exploitation l'introduction de matières inflammables ou combustibles, la police doit contenir : 1° un certificat que les règlements de police ont été observés relativement à ces objets ; 2° la mention qu'avis a été donné aux voisins ; dans ce cas l'assureur peut stipuler le droit de visiter, à toute occurrence, les dits objets.

L'assurance de transport est rompue par toute infraction aux conventions sur les moyens de transport et sur l'itinéraire, ou lorsque le transport n'a pas été effectué par cas fortuit ou par force majeure ; dans ce dernier cas, l'assureur devra restituer les primes et répondra des dommages, s'il y en a par sa faute. Si c'est pour tout autre motif que le transport n'a pas eu lieu, l'assureur aura droit à 10 °/₀ de la prime. Si le transport a été commencé, mais ne se termine pas, le contrat aura plein effet, à moins qu'il n'y ait eu faute de l'assureur, qui alors restituera les primes, sans préjudice des dommages-intérêts. S'il y a perte de l'objet assuré et s'il se retrouve avant le paiement de l'indemnité, le contrat continuera d'être en vigueur et l'assureur ne sera plus tenu que des détériorations. S'il n'est retrouvé qu'après le paiement de l'indemnité, l'assureur pourra à son choix retenir l'objet ou la quantité qu'il a reçue.

DE LA VENTE. — La vente est l'échange d'un droit ou d'une chose contre une somme d'argent ; si le prix n'est que partiellement en numéraire, il y a vente encore lorsque le numéraire égale la moitié du prix ; dans le cas contraire, il y a échange. Le prix peut être stipulé à fixer par un tiers, ou au cours du moment : si le tiers refuse d'accomplir sa mission, le contrat est nul. Celui des céréales vendus à des non-commerçants pour leur consommation ne pourra excéder le plus élevé des cours du jour de la livraison à celui de la récolte suivante. Le prix ne pourra être laissé à la fixation de l'une des parties. La vente est parfaite dès la convention et avant toute tradition. Les arrhes ne se restituent pas si la non-réalisation est de la faute de l'acheteur ; si elle est de la faute du vendeur, celui-ci en restitue le double. La vente seule emporte à partir de sa date le transfert de la propriété, mais elle n'est opposable aux tiers, s'il s'agit d'immeubles, qu'à partir de son inscription. Les parties, à moins de convention contraire, paient par moitié les frais d'actes. La vente de la chose d'autrui est nulle et le vendeur est responsable de tous dommages s'il a agi par dol ou de mauvaise foi ; mais le contrat devient valable si, avant l'éviction ou l'action intentée, le vendeur acquiert à un titre quelconque la propriété. On ne peut vendre la succession d'une personne vivante, même avec son consentement, ni les créances alimentaires entre parents. On peut, au contraire, aliéner un droit litigieux, mais le vendeur, s'il a dissimulé cette qualité du droit, est responsable du préjudice en cas d'éviction. Est nulle la vente d'un objet qui n'existe plus ou qui ne peut exister, et la même responsabilité incombe au vendeur de mauvaise foi. Lorsque la chose vendue a péri partiellement, l'acheteur a l'option de faire rescinder le contrat ou d'accepter ce qui reste avec diminution du prix.

Sauf exception, toute personne peut vendre ou acheter. Ne peuvent vendre leurs immeubles les corporations publiques, sous peine de confiscation; ni les époux entre eux, à moins qu'ils ne soient séparés de biens. Ne peuvent acheter un objet litigieux ceux qui ne peuvent être cessionnaires de droits litigieux sur cet objet, excepté lorsqu'ils sont co-héritiers, ou lorsqu'il s'agit de l'hérédité, ou en cas de responsabilité pour les biens hypothéqués qu'ils possèdent. Les fils de famille peuvent vendre à leur père les biens acquis par leur travail. Le propriétaire d'une chose indivise ne peut vendre que sauf le droit de rachat de ses copropriétaires. Il doit notifier la vente et, dans les huit jours, les autres doivent exercer, s'ils le veulent, le droit de préemption. Si plusieurs propriétaires veulent user de ce droit, la préférence sera donnée à celui qui a la plus forte part, à défaut, on tire au sort. Le copropriétaire d'une chose indivise ne peut non plus vendre sa part à des étrangers si son co-indivisaire invoque le droit de préemption; en cas d'infraction à cette règle, la nullité peut être demandée pendant six mois. Une incapacité relative d'acquérir s'applique: 1° aux tuteurs et aux curateurs; 2° aux mandataires; 3° aux exécuteurs testamentaires et à ceux *ab intestat;* 4° aux *interventores* nommés par le testateur ou par les héritiers; 5° aux représentants, administrateurs ou *interventores* en cas d'absence. Les experts et les courtiers ne peuvent acheter les biens à vendre par leur entremise. La nullité de ces ventes existe, même lorsqu'elles sont faites par personnes interposées ; sont réputés tels le conjoint et celui dont l'acheteur est héritier présomptif. En outre, en cas de dol, l'acheteur devra des dommages-intérêts.

DES OBLIGATIONS DU VENDEUR. — Les obligations du vendeur sont au nombre de trois : 1º livrer ; 2º garantir les qualités de l'objet ; 3º garantir contre l'éviction. La livraison est réalisée, pour les meubles, par la remise des clefs du lieu où ils se trouvent ; pour les immeubles, par la passation de l'acte ou, s'il n'y a pas d'acte, par la remise des titres. Les frais de livraison sont à la charge du vendeur, ceux de transport à celle de l'acheteur. Le vendeur a un droit de rétention quand il n'y a pas terme pour le paiement et, même dans ce dernier cas, s'il y a insolvabilité de l'acheteur, à moins que celui-ci ne fournisse caution. Si la vente a été faite *al fiado*, le vendeur pourra exiger le prix avec intérêts en cas de mise en demeure, mais ne pourra demander la résolution. Dans la vente au nombre, au poids ou à la mesure, l'acheteur pourra demander la résolution s'il y a un déficit dans la livraison, et si la livraison partielle n'a plus la même utilité ; en tout autre cas, il y aura lieu à diminution de prix ; si la vente est à la vue ou au tas, même des choses que l'on compte d'ordinaire, elle est et demeure ferme, quel que soit le déficit prétendu. Mais si le tas renfermait des qualités inférieures dissimulées sous les autres, il y aurait lieu à rescision. S'il s'agit d'un immeuble, sans considération spéciale de sa contenance, il n'y a jamais lieu à rescision, ni en cas d'excédent, ni en cas de déficit ; si l'on y indique les tenants et aboutissants (*linderos*), on devra livrer tout ce qui y sera compris, quoiqu'il y ait excédent de la mesure prévue. Les actions qui résultent de ces règles se prescrivent par un an, du jour de la livraison. Lorsqu'un objet est vendu successivement par le même vendeur à différentes personnes, s'il s'agit d'un meuble, c'est la vente la première en date qui l'emporte, à défaut, celui qui se trouve en possession aura la préférence ; s'il s'agit d'un immeuble, cette préférence appartiendra au premier inscrit, à défaut, à celui qui est en possession.

La garantie pour vices est soumise aux règles suivantes : elle s'applique aux défauts cachés qui rendent l'objet impropre à son usage, ou diminuent tellement cet usage que l'acquéreur, s'il l'eût su, n'eût pas acheté ou eût acheté moins cher ; mais, au contraire, les vices apparents ne sont pas garantis ; ne le sont pas même les vices cachés, si l'acheteur est un spécialiste qui aurait dû s'en apercevoir. L'éviction donne droit pour l'acheteur à la résolution du contrat ou à la diminution du prix ; dans le premier cas, il a droit à la restitution des frais de vente ; si, de plus, le vendeur est de mauvaise foi, l'acheteur a droit à des dommages-intérêts, même en cas de rescision. L'acheteur ne pourra revenir sur le choix qu'il aura fait entre ces deux actions. Si la chose vendue vient à périr ou à se transformer en raison des vices cachés que le vendeur connaissait, celui-ci supportera la perte et devra restituer le prix et indemniser des frais de contrat et de tous dommages ; si le vendeur ne connaissait pas ces vices, il ne devra que la restitution du prix et des frais de contrat. L'action est soumise à une prescription de six mois, à partir de la livraison. Elle n'a pas lieu en cas de vente aux enchères publiques.

Le Code mexicain s'occupe spécialement, parmi les vices donnant lieu à garantie, des vices rédhibitoires des animaux et pose les règles suivantes. En cas de vente en bloc, la rédhibition s'applique à chacun séparément et n'a pas lieu pour les animaux non atteints, à moins que l'indivisibilité ne résulte clairement de l'intention, ce qui se présume lorsqu'il s'agit d'une couple, quoiqu'il y ait eu un prix distinct séparé pour chacun de ceux qui la composent. Lorsque l'animal périt dans les trois jours de la vente, le vendeur est responsable si les experts constatent que la maladie existait à cette époque. L'action ne dure que vingt jours depuis la vente, s'il s'agit de vices cachés. Des experts sont toujours nommés en cette matière : ils sont choisis par chaque partie et, en cas de désaccord, le tiers-expert est désigné par le juge ; ils déclareront si le vice était antérieur à la vente et s'il rendait la chose impropre à son usage.

La vente est rescindable pour lésion suivant les règles générales du droit mexicain, c'est-à-dire lorsque l'une des deux parties subit une lésion de plus des deux tiers ; mais la rescision est exclue, s'il y a eu expertise au moment de la passation du contrat.

La garantie pour éviction en matière de vente est réglée comme celle en matière de tous contrats. C'est une question de méthode ; par celle concrète, notre Code français en traite à propos de la vente où elle se produit le plus ordinairement ; le Code mexicain la place plus logiquement au titre général des obligations et des contrats.

C. M.

13

DES OBLIGATIONS DE L'ACHETEUR. — Les obligations de l'acheteur consistent surtout dans le paiement du prix ; à défaut de temps et de lieu fixés, ce paiement doit se faire au temps et au lieu où l'objet est livré. Laquelle des parties exécutera le contrat la première ? Si rien n'est convenu à ce sujet, chacune livrera, en déposant aux mains d'un tiers. Les intérêts du prix sont dus à partir du jour de la livraison dans trois cas : 1° celui de convention en ce sens ; 2° celui de vente de chose frugifère ; 3° celui de mise en demeure ; cependant, l'acheteur ne les doit pas, en cas de vente à terme, quoiqu'il perçoive les fruits ; il en serait autrement si la concession du terme avait été postérieure au contrat. En cas de trouble de droit, l'acheteur peut suspendre le paiement tant que caution ne lui aura pas été fournie. A défaut de paiement du prix, quoique le contrat stipule la résolution de plein droit, l'acheteur peut encore payer après l'expiration du délai, à moins qu'il n'ait été constitué en demeure par une demande ; mais, dans ce dernier cas, le juge ne peut accorder un délai nouveau. En ce qui concerne les meubles, la résolution aura lieu de plein droit quand l'acheteur, avant l'expiration du délai de livraison, ne se sera pas présenté pour recevoir, ou l'aura fait sans offrir le prix.

DE L'ACTE DE VENTE. — La vente des immeubles doit être rédigée par écrit, mais cet écrit peut être sous signatures privées quand la valeur ne dépasse pas 500 *pesos* ; l'acte est signé par les parties en présence de deux témoins : si l'une d'elles ne sait pas signer, une autre personne le fera à sa place. On devra établir l'original en double. Au delà de 500 pesos, il faut un acte authentique. Enfin pour tous, l'inscription est exigée sous peine de non opposabilité aux tiers.

DE LA VENTE A RÉMÉRÉ. — La vente à réméré est l'objet d'un chapitre spécial, elle n'est admise qu'en ce qui concerne les immeubles, et ne peut être stipulée pour plus de cinq ans. Les règles sont les mêmes que dans le Code français. En particulier, le retrayant doit rembourser les dépenses, même simplement utiles. C'est le vendeur qui supporte les risques des cas fortuits. Le vendeur à réméré a un droit de suite contre le tiers-acquéreur. Si l'acheteur à réméré d'une portion indivise d'un immeuble s'est rendu adjudicataire de la totalité sur la licitation provoquée contre lui, le vendeur doit exercer le retrait pour le tout. Si les vendeurs à réméré sont au nombre de plusieurs, et qu'il s'agisse d'un immeuble indivis entre eux, chacun ne peut exercer le retrait que pour sa part ; il en est de même si le vendeur unique a laissé beaucoup d'héritiers ; dans tous les cas, l'acquéreur peut exiger de tous les vendeurs ou de tous les cohéritiers qu'ils se mettent d'accord pour prendre un parti unique. Si chacun des copropriétaires indivis a vendu séparément sa part, il peut exercer le droit de réméré pour cette part. Si l'acheteur, de son côté, laisse plusieurs héritiers, et qu'il s'agisse d'une chose indivise, l'action en retrait s'exerce contre l'attributaire. Le vendeur qui a exercé le réméré reprend la chose vendue libre de toute charge. Aucun compte respectif n'est tenu des fruits existant au commencement ou à la fin de la propriété intérimaire de l'acheteur ; cependant, s'il n'y avait pas eu de fruits à la première de ces époques, tandis qu'il y en a lors de la seconde, ces derniers se partageront au prorata du temps.

De la Vente judiciaire. — Ces ventes sont régies, quant aux formes et conditions, par le Code de procédure. Ne peuvent s'y rendre adjudicataires, le juge, le greffier et autres employés du tribunal, le saisi, les procureurs, exécuteurs testamentaires, administrateurs, tuteurs, curateurs, avocats du saisi, les experts qui ont évalué l'objet. Les ventes se font au comptant, et s'il s'agit d'un immeuble, la propriété passe à l'adjudicataire libre de toutes charges.

De l'Echange. — L'échange n'est qu'une variété de la vente; le Code mexicain ne lui consacre que quelques articles. En cas d'éviction, le copermutant peut reprendre son immeuble si celui-ci se trouve encore aux mains de l'autre contractant, mais en subissant les droits réels concédés dans l'intervalle.

Du Louage. — Le Code mexicain ne s'occupe à bon droit ici que du louage des choses; tout ce qui concerne celui des personnes en a été détaché et forme un contrat nouveau qu'il désigne sous le nom de *contrat de travail* et dont nous avons vu plus haut les règles indépendantes. Le copropriétaire d'une chose indivise n'a le droit de louer que d'accord avec tous les autres. Les magistrats ou fonctionnaires ne peuvent prendre à bail directement ou par personne interposée les biens à louer en vertu d'une sentence qu'ils ont rendue; il en est de même des membres des établissements publics relativement aux biens de ceux-ci; les présomptions d'interposition sont les mêmes qu'en matière de vente. Le louage doit être constaté par écrit quand le loyer annuel dépasse 300 *pesos*; s'il s'agit d'un bien rural, et si le loyer dépasse 1,000 *pesos*, l'acte doit être authentique.

Les obligations du bailleur consistent : 1° à livrer l'objet en état de servir à sa destination convenue ou tacite ; 2° à le conserver dans le même état pendant toute la durée du bail, au moyen des réparations nécessaires ; 3° à n'apporter aucun trouble à la jouissance, et à garantir de tous ceux venus d'ailleurs ; 4° à répondre des vices cachés ; 5° à ne pas transformer la chose louée ; 6° à payer les contributions, à moins de convention contraire. Le bailleur aura privilège pour le fermage et les autres charges, sur les meubles et instruments garnissant l'immeuble et sur les fruits. Le locataire doit, de son côté : 1° payer le fermage ; 2° indemniser des dommages causés par sa faute ; 3° ne pas intervertir l'usage. Le paiement de la rente annuelle doit se faire par mois s'il s'agit d'une maison, et tous les quatre mois s'il s'agit d'une ferme. Lorsqu'il s'agit d'un fermage payable en fruits, à défaut de paiement à l'échéance, le fermier devra payer la plus haute valeur de ces fruits pendant toute la période du retard ; si un cas fortuit empêche toute jouissance, le locataire ne devra pas de fermage pendant ce temps ; lorsque l'empêchement n'est que partiel, il a droit à une réduction proportionnelle des loyers ; si la privation de jouissance provient d'éviction, et si le maître est de mauvaise foi, il répondra de tous les dommages. Lorsqu'il s'agit d'une ferme, si les fruits viennent à manquer en totalité ou partiellement, le fermier n'en doit pas moins le paiement total ; cette disposition est contraire à celle du droit français. Le locataire est responsable de l'incendie, à moins qu'il ne prouve que cet incendie provient de cas fortuit, de force majeure ou de vices de construction, ou qu'il a été communiqué par une maison voisine ; en cas d'exist nce de plusieurs locataires, ils sont solidairement tenus, à moins que l'un ne prouve que l'incendie a commencé chez l'autre ou n'a pu commencer chez lui. Ce sont les dispositions de notre Code civil, mais qui, chez nous, ont été modifiées depuis. Lorsque le propriétaire habite une partie de la maison, il est considéré à ce point de vue comme un colocataire. Le locataire doit aviser le propriétaire de toutes les usurpations commises et de la nécessité survenue de toutes réparations. Lorsque ces réparations enlèvent l'usage total ou partiel de la chose, le locataire a les mêmes droits qu'en cas d'empêchement de jouissance par cas fortuit ou autrement. Le locataire doit rendre à sa sortie les lieux dans l'état où il les a trouvés. Il ne peut sous-louer en tout ou en partie sans le consentement du propriétaire, sous peine de répondre solidairement avec le sous-locataire de tous dommages ; il sera responsable, même si la sous-location avait été permise ; mais si le propriétaire y intervient ou l'approuve, le locataire principal s'efface. Le locataire n'a pas le droit de rétention pour les impenses par lui faites, même pour celles nécessaires ; quant aux utiles et aux voluptuaires, il n'a que celui de les enlever sans détérioration du fonds. Le fermier sortant doit donner à l'entrant toutes les facilités nécessaires pour la culture ; il pourra jouir du même droit à son départ pour terminer les récoltes. Comme on le voit, toute cette réglementation, qui d'ailleurs ne descend pas dans les détails, ne diffère pas sensiblement de celle du Code français.

Le louage se termine principalement par l'arrivée du terme ; il n'y a pas besoin alors de dénonciation, mais si la jouissance continue, il s'opère pour les fermes une réconduction ; ce nouveau bail dure un an pour une ferme (il s'agit d'une année agricole). Il n'y a pas de tacite réconduction pour les immeubles urbains, mais le locataire paie le loyer pour la différence de temps. Dans ces cas les cautionnements des tiers prennent fin et ne s'appliquent pas à ce qui excède le temps du bail primitif. Le propriétaire peut demander la résiliation pour défaut de paiement, pour usage indû, pour sous-location. En cas de réparations totales ou partielles, le locataire pourra exiger la résiliation si la perte d'usage a été totale, ou même partielle lorsqu'elle dure plus de deux mois. Il en est de même en cas de perte totale ou partielle de la chose; en cas de perte partielle, il peut opter pour une indemnité de loyer. La mort de l'une des deux parties ne résout pas le bail, il en est de même de la vente de l'objet, mais celui convenu par l'acheteur à réméré ne survit pas à la durée de son droit. La cessation de l'usufruit met fin au bail, mais si le bailleur n'a pas déclaré la nature de son droit, le preneur pourra demander une indemnité. En cas de vente par adjudication judiciaire, le bail continuera, à moins qu'il n'ait été passé dans les 60 jours qui ont précédé la saisie. Quant au paiement des fermages, on suivra les règles suivantes : le fermier devra payer au nouveau propriétaire le fermage stipulé, même quand il prétend avoir payé le précédent, à moins que le paiement par anticipation ne soit stipulé par le bail ; si le fermier se trouve obligé à payer deux fois, il aura un droit de répétition contre le précédent propriétaire. Si le bail a été consenti pour un temps indéterminé, il prendra fin à la volonté de l'une des deux parties après dénonciation, deux mois d'avance s'il s'agit d'un bien urbain, un an s'il s'agit d'un bien rural. A partir de ce moment, le locataire d'une maison doit laisser visiter les lieux.

Le louage des meubles est régi par les règles ci-dessus en ce qu'elles ont de compatible avec la nature mobilière. A défaut de terme conventionnel, il se termine par l'usage complet qui avait été dans les prévisions des parties, mais le locataire pourra rendre la chose louée à toute époque, et le locateur ne pourra la réclamer que cinq ans après l'acte. Le paiement du loyer se fait par an, mois, semaine ou jour, suivant que la location a été faite pour l'une de ces périodes. En cas de location d'animaux, le croît appartient au propriétaire ; c'est le locataire qui supporte tous les frais d'entretien. Il doit prouver que la perte ou la détérioration ont eu lieu par cas fortuit ; faute de quoi, il est responsable ; il répond même du cas fortuit, lorsqu'il n'a pas fait un usage conforme à celui prévu, si cet usage a été cause de cette perte. Lorsque l'animal périt, c'est le propriétaire qui a droit à sa dépouille. Lorsque des animaux ont été loués par couples, si l'un d'eux est hors d'état de servir, le bail est résilié pour les deux, à moins que le propriétaire ne fasse pas remplacer celui manquant. Que si un animal est devenu hors d'état de servir avant la livraison, et sans qu'il y ait faute du propriétaire, celui-ci est libéré pourvu qu'il en avise le locataire : dans le cas contraire, c'est-à-dire en cas de mauvaise foi, ou à défaut d'avis, le propriétaire devra, au choix du locataire, payer des dommages-intérêts ou remplacer l'animal. Les règles seraient différentes si on avait loué un animal non individuellement désigné ; le propriétaire est alors toujours obligé à des dommages-intérêts, s'il ne le fournit pas.

Du Bail a Cens. — Le code mexicain traite particulièrement du bail à cens, d'abord d'une manière générale, puis spécialement, en distinguant le *censo consignativo* et le *censo enfitéutico*. Le cens est le droit qu'une personne possède de percevoir une certaine pension annuelle en faisant la contre-prestation d'une somme d'argent ou d'un immeuble ; c'est la rente perpétuelle. Le cens est consignatif, quand le débiteur affecte au paiement du cens l'immeuble dont il conserve la toute propriété ; il est emphythéotique, lorsque le débiteur du cens n'a que le domaine utile de l'immeuble et que le crédi-rentier en a le domaine direct ; dans le premier cas, le crédirentier s'appelle censualiste, et le débi-rentier censitaire ; dans le second le crédi-rentier s'appelle le maître, et le débi-rentier l'emphytéote. Si une personne donne à une autre en pleine propriété un immeuble, en se réservant une rente, ce n'est qu'une vente à terme, qui ne pourra durer plus de dix ans et qui est régie simplement par les règles de la vente. Toutes les rentes constituées à l'avenir sont rachetables ; celles antérieures ne le seront que d'un commun accord. Le taux de constitution est libre ; à défaut de convention, il est de six pour cent. Le capital devient remboursable en cas de faillite, d'insolvabilité, ou de non paiement de l'un des termes. Le paiement des arrérages a lieu chaque année par tiers. Le capital se prescrit par vingt ans, le revenu par cinq. On ne peut constituer de rente perpétuelle que par acte authentique.

La rente consignative se paie toujours en argent ; le terme de remboursement ne peut excéder dix ans ; au delà, il ne s'agira plus que d'une action personnelle. On peut convenir qu'on ne pourra rembourser sans un avis préalable. Si l'immeuble hypothéqué vient à périr, le débi-rentier devra fournir une hypothèque sur ses autres biens ; s'il ne le peut et s'il n'y a pas de faute de sa part, il peut demander la réduction de la rente en proportion de ce qui lui reste de biens, ou se libérer en faisant l'abandon de l'immeuble.

Si la perte ou la détérioration partielle est le résultat de sa faute, il n'a plus ce droit. Dans le cas où la chose grevée n'existe plus, et où l'insolvabilité du débi-rentier empêche qu'on en subroge une autre à sa place, la rente s'éteint comme droit réel, mais le créancier n'en conserve pas moins son droit personnel contre le débiteur. En outre, dans tous les cas, si le fonds revit ou redevient fertile, le droit réel renaît, pourvu que ce rétablissement soit l'œuvre du censitaire. Que si le rétablissement a été fait par un tiers, le droit réel ne renaît pas.

La rente emphytéotique a certaines règles spéciales ; toute charge autre que la rente, et en particulier, celle appelée *laudemio* est nulle de plein droit. Dans l'acte de constitution on devra insérer l'estimation de l'immeuble faite par experts. La rente se paie au lieu convenu, à défaut de convention, au domicile du maître s'il est situé dans le même district que l'immeuble : dans le cas contraire, à celui de l'emphytéote. Si elle est payable en fruits, le paiement a lieu à la fin de la récolte, et si elle l'est en argent, à la fin de l'année. En cas de division du fonds emphytéotique, on applique les mêmes règles qu'en matière d'hypothèque : si le maître consent à la division par lots, chacun de ceux-ci servira de base à autant d'emphytéoses différentes ; cette division se fera par experts, sera constatée par un acte authentique et approuvée par le maître, la rente pourra alors être augmentée pour compenser l'inconvénient du démembrement. L'emphytéose est héréditaire : elle se divisera entre les héritiers comme il vient d'être dit pour les autres cas de division ; si ceux-ci ne désirent pas ce partage, ils pourront désigner celui d'entre eux qui exercera les droits résultant du contrat ; à défaut, on tirera au sort ; si aucun n'accepte, on procèdera à la vente de l'emphytéose. Si l'emphytéote ne laisse pas d'héritiers ab intestat ou testamentaires, le fonds fait retour au propriétaire. On ne peut mettre en emphytéose que les immeubles aliénables : s'il s'agit de biens d'incapables, il faudra une autorisation de justice. En général, il faut la capacité d'aliéner. Au contraire, peuvent prendre à emphytéose tous ceux qui peuvent contracter, excepté les corporations et ceux qui ne peuvent acheter. Le crédi-rentier a un droit de privilège ; il a, en outre, celui d'exercer la commise à défaut de paiement de trois années consécutives ; il n'y a pas besoin de sentence pour la faire prononcer. S'il y a détérioration du fonds telle, qu'il perde le quart de sa valeur, la commise peut aussi être exercée. Si l'emphytéote éprouve un trouble de droit, il doit en aviser le propriétaire sous peine d'être déchu de toute action en dommages-intérêts. Il paie toutes les contributions, excepté celles qui frappent la rente elle-même. L'emphytéote peut grever son droit d'un usufruit, d'une servitude, d'une hypothèque, mais ces droits superposés tomberont avec celui d'emphytéose qui les soutient ; il peut même donner ou échanger, en prévenant le propriétaire dans les soixante jours de la cession, sous la responsabilité du cessionnaire lui-même, qui à défaut devient débiteur solidaire des rentes. Lorsque le propriétaire ou l'emphytéote veut aliéner ses droits, il doit avertir l'autre du prix qu'il trouve, et si dans les trente jours de cet avis, le copropriétaire ne fait pas usage de son droit, on peut vendre librement ; s'il fait usage du droit de préemption, la consolidation s'opère ; ce droit de préemption existe même en cas de vente judiciaire. A défaut d'avoir offert la préférence, l'aliénation est nulle, et le propriétaire peut exercer le droit de commise. Si c'est le maître qui n'a pas rempli cette obligation, l'emphytéote aura droit à des dommages-intérêts, mais ne pourra revendiquer ; le cessionnaire sera responsable, et l'emphytéote pourra revendiquer contre lui, s'il a agi de mauvaise foi : lorsque l'emphytéose est établie sur plusieurs fonds, il y a indivisibilité, on ne peut exercer la préemption sur l'un d'eux seulement. Les rentes se prescrivent par cinq années en ce qui concerne le droit réel, mais l'action personnelle survit, s'il y a eu constitution par acte signé par l'emphytéote et deux témoins, ou par acte authentique. La perte de l'immeuble par cas fortuit ou force majeure met fin au contrat ; si elle n'est que partielle, l'emphytéote pourra demander une réduction de rente, ou se libérer en déguerpissant. L'action en commise se prescrit par un an depuis le dernier acte d'exécution ou depuis la vente : elle se prescrit par le même délai, mais depuis qu'on a eu connaissance de la détérioration, lorsqu'il y a eu détérioration de plus d'un quart par le fait de l'emphytéote. En cas de stérilité extraordinaire ou de destruction fortuite des fruits, de sorte qu'il n'en reste pas suffisamment pour payer la rente et les frais de production, l'emphytéote est libéré du déficit pourvu qu'avant de faire la récolte il ait avisé le maître. En cas de résolution du contrat par l'exercice de la commise ou pour toute autre cause, le maître doit récompense des améliorations faites qui ont causé une plus-value, mais seulement lorsque la plus-value n'a pas disparu : l'emphytéote n'a point de droit de rétention pour se garantir.

DES TRANSACTIONS. — La transaction est définie un contrat par lequel les parties, en transférant, en promettant ou en retenant une chose, terminent un litige actuel ou en empêchent un futur. Elle doit être constatée par écrit s'il s'agit de plus de 300 *pesos*. Il faut, pour transiger pour autrui, être porteur d'un pouvoir spécial. La transaction sur l'action civile n'éteint pas l'action publique ; d'autre part, elle n'entraine pas nécessairement l'aveu du délit. On ne peut transiger ni sur l'état civil, ni sur la validité du mariage ; en ce qui concerne le premier, on peut transiger pourtant sur les droits qu'un état civil entraine, mais cela ne procure pas l'acquisition de cet état. La transaction est nulle aussi, si elle porte sur le délit, le dol ou la faute future, soit quant au répressif, soit quant à l'action civile, sur une succession future ou sur une succession ouverte avant d'avoir vu le testament, sur les pensions alimentaires, mais on peut transiger sur le *quantum* de ces dernières avec l'approbation de justice. La transaction faite par l'un des intéressés ne peut profiter, ni nuire aux autres, s'ils ne l'ont pas acceptée. La renonciation générale à tous droits dans la transaction ne s'entend que de ceux connexes. La caution n'est obligée que si elle a consenti par écrit. La rescision pour lésion, n'est pas admise contre ce contrat, mais il peut être attaqué quand il se fonde sur un titre nul, à moins qu'on n'ait transigé expressément sur cette nullité ; on peut annuler aussi la transaction qui a pour base des titres déclarés faux depuis : mais la découverte de nouveaux titres ne donne pas lieu à rescision, à moins qu'il n'y ait eu mauvaise foi de l'une des parties. L'éviction n'ouvre un recours que lorsqu'une des parties a aliéné un objet autre que celui litigieux ; s'il y a des vices ignorés qui diminuent la valeur de la chose transférée, celui qui l'a reçue a droit à indemnité.

Du Registre public. — Au siège de tout tribunal de première instance il doit être établi un bureau de publicité et un registre public. Ce registre sera divisé en quatre sections : 1° celle des titres translatifs de propriété des immeubles et de droits réels autres que les hypothèques ; 2° celle des hypothèques ; 3° celle des baux ; 4° celle des jugements. Il y aura aussi une table des documents énoncés en l'article 2923, dont on formera des archives spéciales, cet article vise le double de la vente qui doit être remis au conservateur du registre. Pour pouvoir inscrire, il faut établir qu'on est propriétaire actuel des biens. On ne peut inscrire que les actes authentiques et les jugements ou ordonnances. Quant aux actes exécutoires, aux contrats et aux jugements prononcés à l'étranger, on ne peut les inscrire que dans les conditions suivantes : 1° l'inscription aurait dû être nécessaire, même si les actes avaient été passés au Mexique ; 2° ils doivent être légalisés ; 3° s'il s'agit de jugements, ils doivent avoir été rendus exécutoires par le tribunal supérieur de l'Etat du Mexique où l'inscription est requise. Les actes ne produisent effet contre les tiers que du jour de leur inscription.

Sont sujets à inscription tous les contrats ou actes entre vifs qui transfèrent ou modifient la propriété, la possession ou l'usufruit des biens immeubles ou des droits réels immobiliers ; cependant en sont exempts ceux qui ne dépassent pas la valeur de 500 *pesos*. On n'inscrit parmi les baux que ceux dont la durée est supérieure à six ans ou ceux dans lesquels on a stipulé paiement par anticipation de plus de trois échéances. On doit inscrire le testament après le décès : et s'il s'agit d'une succession *ab intestat*, le certificat donné par le juge de la qualité d'héritier légitime, et aussi le partage. On inscrit les constitutions d'usufruit, d'usage, d'habitation, de servitude, les concessions de mines, etc. Les contrats de mariage sont soumis à l'inscription, ainsi que les constitutions de dot, quand il en résulte une communauté de biens immeubles ou quand l'un des époux acquiert en vertu de cet acte une propriété. Toutes les transactions, réserves, conditions, et tous autres actes translatifs, les sentences d'arbitres et les jugements s'inscrivent dans le même cas. On doit inscrire enfin la nomination d'un mandataire pour représenter un absent, le jugement de déclaration d'absence, celui de séparation de biens par divorce nécessaire, celui qui approuve le divorce volontaire, celui déclaratif de faillite, celui qui admet la cession de biens, ou qui ordonne la mise sous séquestre ou l'expropriation.

L'inscription se fait sur la présentation du titre ; si le conservateur trouve la justification insuffisante, il le déclare et exige la production d'un jugement. Le registre mentionne les noms, professions et domiciles de tous les contractants, la date et la nature de l'acte, le jour et l'heure de la réquisition, l'espèce et la valeur des biens ou des droits, les charges contenues en l'acte ; mention de l'inscription est mise sur le titre. Il porte la date du jour où l'acte a été présenté à l'inscription. Les contrats enregistrés dans les cinq jours de leur date produisent effet à l'égard des tiers depuis la date de l'acte, ceux qui ne le sont que plus tard n'en ont qu'à partir de leur inscription. En cas d'annulation par jugement de l'acte inscrit, cette annulation doit être mentionnée, dans les trente jours à partir du moment où la sentence est devenue exécutoire, en marge de l'inscription, sans quoi elle ne produira effet vis-à-vis des tiers que du jour de cette mention. C'est à partir de la présentation à l'inscription que l'acte est valable vis-à-vis d'eux.

L'hypothèque ne s'éteint vis-à-vis des tiers que du jour de la radiation ou de celui de l'inscription du transfert à une autre personne de la propriété ou du droit réel inscrit. Cette disposition est remarquable ; elle manque au droit français où l'inscription, même non radiée, ne survit pas à la créance. La radiation est ordonnée, totale, ou partielle dans certains cas, mais qui résultent du droit commun. Quand la propriété est acquise, il y a radiation du nom de l'ancien propriétaire. Il y a lieu de radier une cédule hypothécaire ou une saisie, quand il s'est écoulé trois ans depuis la date de l'inscription et quand il y a eu vente judiciaire d'un immeuble.

LIVRE QUATRIÈME

DES SUCCESSIONS

Le Code Mexicain traite successivement de la succession testamentaire, puis de la succession *ab intestat*; enfin édicte des dispositions communes aux deux, et qui ont trait surtout aux effets de la succession une fois dévolue. La donation n'est point rattachée à ce livre, mais comme nous l'avons vu, fait partie des contrats. Il n'existe pas de succession contractuelle.

Dans un titre préliminaire, le Code établit les principes suivants : 1° on peut mourir partie *testat*, partie *ab intestat*, contrairement aux dispositions du droit romain ; 2° l'héritier *représente la personne* du défunt, il recueille ce qui reste, les legs payés ; mais si les legs absorbent l'hérédité, il disparaît, ce sont les légataires qui deviennent eux-mêmes héritiers et qui représentent le défunt ; il n'y a donc pas entre l'héritier et le légataire de différence essentielle. Les nombreuses et compliquées présomptions de survie admises par notre Code sont rejetées ; si le *de cujus* et ses héritiers ou légataires périssent dans le même événement ou le même jour, sans que la survie de l'un ou de l'autre soit établie, tous sont présumés être décédés en même temps et aucun n'hérite. La propriété et la possession se transmettent de plein droit lors du décès.

Des Successions testamentaires. — Le Code Mexicain traite successivement des testaments en général, des conditions qu'on peut y inscrire, de la capacité, des testaments inofficieux, de l'institution d'héritier, de la *mejora*, des legs, des substitutions, de la nullité et de la révocation, et enfin de la forme des testaments.

Le testament est un acte essentiellement personnel qui ne peut se faire par mandataire; on ne peut même laisser à un tiers le choix de l'héritier ou des légataires, ni la détermination de ce qui devra leur revenir : cependant on peut lui confier la distribution des quantités léguées à des classes déterminées de personnes : parents, orphelins, etc., ou le droit de choisir les établissements publics ou de bienfaisance auxquels elles seront remises. La disposition conçue d'une manière générale au profit des parents du testateur bénéficie aux plus proches en degré dans l'ordre de la dévolution *ab intestat.*

Les motifs illégaux sont réputés non écrits ; de même est non écrit le terme *a quo* ou *ad quem* apposé à l'institution d'héritier. Deux personnes ne peuvent jamais tester par le même acte. Enfin, en cas de perte d'un testament ouvert par suite d'un événement inconnu du testateur, ou parce qu'il a été caché par quelqu'un, les intéressés pourront exiger l'exécution de ses dispositions en en prouvant la perte ou la dissimulation, ainsi que le contenu. Ce point n'est pas chez nous décidé par un texte.

Conditions dont les Dispositions testamentaires sont passibles. — La condition imposée à l'héritier ou au légataire sera réputée accomplie s'ils ont fait tout leur possible pour qu'elle le soit. Celle impossible ou illégale est réputée non écrite, comme dans le droit français, mais pour juger de l'impossibilité il faut se placer à l'époque du décès. Est nulle l'institution faite sous cette condition que l'héritier ou le légataire feront dans leur propre testament une disposition soit au profit du testateur, soit au profit d'un tiers. La disposition qui ne fait que suspendre l'exécution n'empêche pas l'héritier ou le légataire qui décède dans l'intervalle de transmettre son droit à ses propres héritiers. Pour le surplus, les conditions qui se trouvent dans les testaments suivent les mêmes règles que celles apposées aux contrats.

Certaines dispositions qui semblent à terme sont, en réalité, conditionnelles, par exemple, celles dont l'effet est reculé jusqu'à un événement qui peut ne pas se produire; au contraire, si l'événement doit fatalement arriver, il n'y a là qu'un simple terme. Lorsque le testateur n'a pas fixé de terme pour l'accomplissement de la condition, la chose léguée reste entre les mains de l'*albacea*, et lors du partage on fera une attribution éventuelle au légataire.

Si la condition est purement potestative, si elle consiste dans une action ou une prestation et si celui qui en est chargé offre de l'accomplir, elle est réputée accomplie; il en sera ainsi, même lorsque l'héritier ou le légataire aura déjà presté la chose ou le fait dont il s'agit avant la confection du testament, à moins que la prestation ne puisse se renouveler, auquel cas il y aura lieu de distinguer si le testateur avait ou non connaissance de la première, ce n'est que dans le premier cas que la prestation devra se faire à nouveau : c'est au débiteur des legs à prouver que le testateur avait cette connaissance. La condition de ne pas donner ou de ne pas faire est réputée non écrite. Celle de prendre ou de laisser une profession a le même effet.

Lorsque la condition est casuelle ou mixte, elle peut se réaliser avec efficacité, même du vivant du testateur ; si elle l'était déjà au moment de la confection du testament à l'insu du testateur, elle sera même alors réputée accomplie utilement, mais si le testateur le savait, elle ne sera ainsi réputée accomplie que si elle ne peut l'être de nouveau. La condition qui s'est réalisée du vivant de la personne à qui elle est imposée, a un effet rétroactif au décès du *de cujus*, et donne droit aux fruits à partir de cette époque. Jusqu'à l'événement de la condition, les objets dont on a disposé restent entre les mains de l'exécuteur testamentaire.

La charge de faire une chose est une condition résolutoire ; si aucun temps n'a été fixé, l'objet légué reste aux mains de l'exécuteur testamentaire. Lorsque le legs consiste en une prestation périodique qui doit prendre fin à une époque dont l'arrivée n'est pas certaine, comme dans le cas de rente viagère, le légataire fera siennes les prestations correspondant aux termes arrivés.

Si le testateur n'a pas fixé de terme pour l'accomplissement de la condition, la chose léguée reste, en attendant, entre les mains de l'exécuteur testamentaire.

Comme on le voit, ces dispositions ne sont pas, en général, contraires à celles de notre droit, mais elles ont l'avantage de résoudre par un texte législatif des difficultés qui, chez nous, restent dans le domaine de la doctrine.

De la Capacité nécessaire pour Tester ou pour Hériter. — Le testateur doit agir : 1° en toute connaissance de cause ; 2° en toute liberté, c'est-à-dire sans intimidation ni suggestion. En vertu du premier principe sont incapables de tester : l'homme avant 14 ans et la femme avant 12, et l'aliéné, lorsqu'il n'est pas dans un intervalle lucide. Le testament antérieur à l'aliénation mentale est valable : quant à celui fait dans un intervalle lucide, il ne l'est que sous certaines conditions ; le tuteur ou, à défaut, la famille doit présenter requête au juge qui, accompagné de deux médecins, se rendra au domicile de l'aliéné ; ceux-ci examineront le malade, l'interrogeront, ainsi que le fera aussi le juge, et dresseront acte de leurs conclusions ; si celles-ci sont favorables, on rédigera le testament dans les formes ordinaires. Cette disposition est très remarquable, elle n'existe point en droit français et l'on sait quelles difficultés en résultent : la doctrine distingue entre le cas où l'aliéné est interdit et celui où il ne l'a pas été, et dans le premier on admet que le testament est nul, même s'il a été fait dans un intervalle lucide mais pendant l'interdiction. Il en résulte des inconvénients pratiques, l'aliéné ne pouvant faire des libéralités utiles. Les dispositions sages du Code Mexicain semblent concilier ici tous les intérêts.

En vertu du second principe, est nul le testament fait par suite de menaces contre la vie, la liberté, l'honneur ou la propriété, soit du testateur, soit de son conjoint ou de ses parents à tout degré.

Pour cause d'utilité publique sont incapables d'acquérir des immeubles, soit par succession soit par legs, les personnes morales à qui la Constitution l'interdit.

Les étrangers peuvent tester au Mexique, en suivant leurs propres lois ou la loi Mexicaine, en ce qui concerne les conditions intrinsèques; quant aux formes, ils doivent se conformer à celles du Code Mexicain.

C'est au moment du testament seul que la capacité du testateur est requise.

La capacité d'hériter existe en principe au profit de tous; il n'y a que des incapacités relatives à certaines personnes ou à certains biens et qui reposent sur les idées suivantes : 1° défaut de personnalité juridique; 2° délit; 3° présomption de manque de liberté de la part du testateur ou d'insincérité du testament; 4° manque de réciprocité internationale; 5° utilité publique; 6° refus d'une charge imposée par le testament.

En vertu de la première de ces idées, c'est-à-dire pour manque de personnalité civile, ne peuvent hériter, ni par testament, ni *ab intestat*, ceux qui ne sont pas conçus à l'époque du décès du *de cujus* ou ne naissent pas viables, ou en cas de légitime mariage naissent plus de 300 jours après le décès du mari; cependant on peut disposer au profit des enfants à naître de telle personne, mais au premier degré seulement; notre Code ne contient pas cette dernière disposition.

En vertu de la seconde idée sont incapables de recevoir : 1° celui qui a été condamné pour avoir donné ou tenté de donner la mort au *de cujus*, à ses père et mère, à ses enfants ou à son conjoint; 2° celui qui a accusé le *de cujus* d'une infraction emportant la peine capitale ou l'emprisonnement, quand même cette accusation serait fondée, si c'est son descendant, son ascendant, son conjoint ou son frère; à moins qu'une telle accusation ne fût pas indispensable au dénonciateur pour sauver sa propre vie, celle de ses ascendants, de ses descendants, de son frère ou de son conjoint ; si le défunt n'est pas descendant, ascendant ou conjoint du dénonciateur, il faudra que la dénonciation soit déclarée calomnieuse ; 3° l'époux qui a été déclaré adultère ou contre lequel le divorce a été prononcé, s'il s'agit de la succession du conjoint ; 4° la femme dans le même cas, s'il s'agit de la succession des enfants légitimes de l'union pendant laquelle a été commis l'adultère ; 5° le père et la mère relativement à l'enfant exposé par eux ; 6° celui qui aura commis contre l'honneur du défunt, de ses enfants, de son conjoint ou de ses père et mère un attentat passible de peines criminelles ; 7° celui qui aura voulu contraindre le *de cujus* à faire, à ne pas faire, ou à révoquer un testament ; 8° le père et la mère relativement à leurs enfants naturels ou bâtards (*naturales ou espurios*) et aux descendants de ceux-ci, s'ils ne les ont pas reconnus ; 9° les incestueux, pour leurs successions réciproques ; 10° celui qui s'est rendu coupable de suppression, substitution ou supposition d'enfant, lorsqu'il s'agit d'un héritage qui sans cela reviendrait à telle personne ; 11° le complice du conjoint adultère, lorsqu'il s'agit de la succession de celui-ci, si la sentence a été rendue avant le décès du *de cujus*. Ces nombreuses exclusions sont remarquables, les deux premières seules sont admises par la loi française, la loi mexicaine est plus justement complète. L'incapacité disparaît devant le pardon du *de cujus* exprimé par un acte authentique ou par d'autres moyens absolument certains.

En vertu de la troisième idée sont incapables les tuteurs et curateurs, quand il s'agit de la succession de leurs pupilles, à moins que l'institution ne précède l'époque de leur entrée en fonctions, ou ne suive la majorité et l'approbation du compte de tutelle ; sont exceptés les tuteurs, les ascendants et les frères du mineur. Pour le même motif sont incapables aussi le médecin et le ministre du culte qui assistent dans la dernière maladie, à moins qu'ils ne soient héritiers présomptifs. En cas de contravention, le notaire rédacteur est destitué, et cette peine est prononcée d'office par le juge auquel on présente le testament, sous peine pour lui-même d'une suspension de six mois, le tout avec exécution provisoire nonobstant tout recours. La même idée fait exclure le notaire et les témoins qui ont concouru à la confection du testament.

En vertu de la quatrième idée ci-dessus, les étrangers qui selon les lois de leur pays ne peuvent transmettre leur succession à des Mexicains, ne pourront non plus succéder à des Mexicains, ni *ab intestat*, ni en vertu d'un testament.

En vertu du cinquième principe, c'est-à-dire l'utilité publique, ne peuvent succéder, quant aux immeubles, ou recueillir de legs les corporations religieuses ou de bienfaisance : quant au legs avec charges fait à un établissement public, il sera valable, mais seulement s'il est autorisé par le Gouvernement. Le testateur peut désigner un administrateur pour les capitaux ainsi légués. La disposition au profit des pauvres est dévolue à ceux du domicile du défunt, la distribution se fait par l'exécuteur testamentaire ou le juge ; si le testateur n'a pas désigné l'œuvre pieuse à laquelle il destine le legs, on l'attribue à l'un des établissements publics de bienfaisance.

Enfin en vertu du sixième principe sont incapables ceux qui nommés par le même testament, tuteurs, curateurs ou exécuteurs testamentaires, ont refusé cette charge ou en ont été destitués.

La capacité de recevoir doit exister au moment du décès, à moins que la disposition ne soit conditionnelle, auquel cas elle doit subsister aussi au moment de l'événement de la condition : jusque là on ne transmet aucun droit ; on n'en transmet pas non plus, si l'on décède avant ces époques.

L'incapable est privé de l'usufruit légal des valeurs héréditaires qui reviennent à ses descendants, il conserve le droit à une pension alimentaire.

L'incapacité ne peut être opposée par les créanciers de la succession à l'héritier qui est en possession et ne peut être déclarée d'office par le juge. Elle ne produit d'effet qu'à partir du jour où elle est prononcée. Elle se prescrit par cinq ans depuis que l'incapable est en possession. Si dans l'intervalle l'héritier incapable de succéder a aliéné, l'aliénation est maintenue lorsque l'acquéreur est de bonne foi, sauf recours des héritiers définitifs contre l'incapable.

Il est à remarquer que le Code Mexicain traite de la même manière la succession testamentaire et celle *ab intestat*, en ce qui concerne les incapacités, mais que contrairement à notre Code, il n'y assimile point la donation.

Des Biens dont on peut disposer par Testament et des Testaments inofficieux. — Le texte primitif du Code Mexicain accordait de nombreuses réserves en toute propriété et en réglait avec beaucoup de soin la distribution. La nouvelle rédaction lors de la revision de 1884 les a supprimées entièrement, et n'a laissé subsister à la place qu'une obligation alimentaire : il est cependant intéressant de faire connaître les dispositions issues de la législation espagnole qui ont précédé, malgré leur abrogation. Les voici : la légitime qui équivaut à notre réserve était accordée aux descendants et aux ascendants qui étaient appelés réservataires *(forzosos)* ; elle ne pouvait être grevée d'aucune charge ou condition. Elle était réglée d'une manière très minutieuse par le Code mexicain. Quant aux descendants il faut distinguer les légitimes et les naturels, lesquels se subdivisent en deux branches, les *naturales* et les *espurios*, titres que nous devrons leur conserver pour éviter toute équivoque. Si le *de cujus* ne laisse que des enfants légitimes ou légitimés, la réserve est des quatre cinquièmes, quel que soit leur nombre ; s'il ne laisse que des enfants *naturales*, elle est des deux tiers ; s'il ne laisse que des enfants *espurios*, elle est de la moitié. Que s'il laisse à la fois des enfants légitimes et des *naturales*, la réserve totale sera des quatre cinquièmes, mais ceux-ci se la distribueront inégalement ; de la part de chacun des *naturales* on déduira un tiers qui accroîtra aux parts des enfants légitimes. S'il y a concours d'enfants légitimes et d'*espurios*, la réserve des quatre cinquièmes appartient exclusivement aux premiers, et les seconds n'ont droit qu'à des aliments qui sont pris sur le cinquième disponible, et qui en aucun cas ne pourront excéder ce qui reviendrait aux *espurios* s'ils étaient *naturales*. Enfin en cas de concours entre les *espurios* et les *naturales*, la réserve totale sera de deux tiers, mais on prélèvera sur la part des *espurios* une moitié qui accroîtra à celle des *naturales*. Tel est le calcul et la distribution assez compliqués de la réserve des enfants. S'il s'agit de petits-enfants, ils ont la réserve qu'aurait eue leur père.

Celle des ascendants varie suivant qu'il s'agit du père

ou de la mère ou des autres ascendants. Si le père ou la mère survivent, leur réserve est des deux tiers : celle des autres ascendants est de moitié.

S'il y a concours d'enfants légitimes et d'ascendants, la réserve des quatre cinquièmes n'appartiendra qu'aux premiers, et les ascendants n'auront droit qu'à des aliments pris sur l'ensemble de la succession, mais qui ne pourront excéder une part d'enfant. En cas de concours du père ou de la mère avec des enfants *naturales*, la réserve totale sera des deux tiers qui se diviseront par parts égales entre les ascendants et les descendants, en ne comptant tous les premiers que comme une personne unique. En cas de concours des ascendants de degré plus éloigné avec les enfants *naturales*, la réserve des enfants sera des deux tiers de la succession ; et les ascendants n'auront droit qu'à des aliments qui seront pris sur le tiers disponible. En cas de concours des père et mère avec des enfants *espurios*, la réserve totale sera des deux tiers : mais quant à la répartition de cette réserve on déduira des parts des enfants le tiers qui accroîtra à celle des père et mère. En cas de concours d'autres ascendants avec les enfants *espurios*, la réserve totale sera de moitié, laquelle se divisera en parts égales entre les ascendants et les enfants, en comptant les premiers comme une seule personne. En cas de concours d'ascendants de tous degrés avec des enfants légitimes et des enfants *naturales*, la réserve sera des quatre cinquièmes et la distribution entre les enfants seulement sera faite, comme il est dit ci-dessus, c'est-à-dire qu'un tiers sera enlevé aux *naturales* pour accroître à la part des légitimes ; quant aux ascendants, ils n'auront droit qu'à des aliments qui seront pris sur l'ensemble de la succession. En cas de concours entre les père et mère, des enfants *naturales* et des *espurios*, la réserve totale sera des deux tiers de la succession ; mais en opérant la répartition, on déduira de ce qui revient aux *espurios* la moitié qui accroîtra à la part des ascendants et des enfants *naturales*. Enfin voici la dernière combinaison : en cas de concours d'autres ascendants avec des enfants *naturales* et des enfants *espurios* à la fois, la réserve sera des deux tiers de la succession : dans la répartition de ces deux tiers on prélève sur la part des *espurios* une moitié qui va accroître à celle des *naturales* : quant aux ascendants ils ne prendront point part à cette répartition, ils auront seulement droit à des aliments sur l'ensemble de la succession.

Telles étaient les règles complexes, mais en somme faciles, qui réglaient le concours des réservataires, elles devenaient plus compliquées, lorsque les ascendants se trouvaient en face d'enfants d'une ou de plusieurs des trois classes : légitimes, *naturales* ou *espurios*. Il est bon, pour plus de clarté, de citer quelques exemples, ainsi que l'avait fait lui-même le législateur mexicain.

Prenons le cas de concours du père, de la mère, de deux enfants *espurios* et de deux enfants *naturales*. La succession s'élève à 30,000 fr.

La réserve totale était des deux tiers, soit 20,000 fr.

Si on partageait en cinq (les deux ascendants sont toujours considérés comme une seule personne), chacun aurait 1/5 de 20,000 fr., soit 4,000 fr.

Soit pour les deux *espurios*, 8,000 fr. : mais de cette dernière part on déduit la moitié, soit 4,000 fr., laquelle accroît aux 12,000 fr. des père et mère et des *naturales* : de sorte que ceux-ci ont :

1° leur part première. . . . . . . 12.000 fr.
2° l'accroissement. . . . . 4.000 fr.

Ensemble . . . . . . 16.000 fr.

Ces 16.000 fr. revenant aux père et mère (une seule personne) et aux deux *naturales*, se partagent entre eux par tiers.

Le père et la mère auront ensemble le 1/3 de 16.000 = 5.333 fr. 34.

Les deux *naturales* auront chacun la même somme 5.833 fr. 34.

Les deux *espurios* auront chacun 2.000.

Quels étaient les enfants *naturales* ou les *espurios* qui avaient droit à une réserve ? C'étaient seulement ceux qui avaient été reconnus. Quels étaient les ascendants naturels qui y avaient droit ? La réponse est ici un peu plus complexe. Ce sont ceux qui auront reconnu leurs enfants. Cependant, si la reconnaissance est postérieure à la dévolution de la succession, le droit s'éteint, ou plus exactement se réduit à une créance alimentaire. Toutefois, les enfants *naturales* et les *espurios* peuvent relever leur père ou leur mère de la déchéance ainsi encourue.

Tout testament qui porte atteinte à la réserve est dit inofficieux ; cependant il n'est pas nul, et l'héritier réservataire peut seulement demander le complément de la réserve. Mais la prétérition dans le testament d'un héritier réservataire en ligne directe, même s'il est posthume au testament ou au décès du *de cujus*, annule l'institution d'héritier, sans porter atteinte aux *mandas* et aux *mejoras*, lorsque celles-ci n'entament pas la réserve; la prétérition n'a plus cet effet si l'héritier passé sous silence décède avant le *de cujus*. La réserve de l'héritier qui ne vient pas à la succession, soit parce qu'il prédécède au *de cujus*, soit par suite de son incapacité ou de sa renonciation, rentre dans la masse héréditaire; le législateur mexicain a ainsi résolu une question qui a été controversée chez nous.

Le Code mexicain s'occupait ensuite du mode de calcul de la réserve. On considérait la valeur des biens au moment du décès, déduction faite des dettes et charges autres que les charges testamentaires, on y joignait le montant des donations entre vifs. Comme chez nous, si le legs consistait en un usufruit, ou en une rente viagère, les héritiers avaient l'option de la servir en totalité ou d'abandonner en capital la quotité disponible; mais, en présence d'autres legs, celui de rente viagère ou d'usufruit n'avait point la préférence de plein droit, et tous devaient être réduits au marc le franc si l'ensemble excédait le disponible. Les autres règles de la réduction ont été exposées plus haut à propos de la donation.

Telle était la réglementation de la réserve antérieurement à la revision de 1884. Maintenant la réserve est abolie en principe, et le nouvel article 3323 proclame que toute personne a le droit de disposer librement de ses biens par testament, à titre de succession ou de legs. Ce droit n'est limité que par l'obligation de laisser des aliments aux descendants, à l'époux survivant et aux ascendants, savoir : 1° aux descendants mâles, mineurs de 25 ans; 2° aux descendants mâles qui sont dans l'impossibilité de se livrer à un travail quelconque, aux femmes qui n'ont pas contracté mariage et vivent honnêtement, même majeures de 25 ans; 3° au conjoint survivant, pourvu, que si c'est un homme, il soit dans l'impossibilité de travailler, ou que, si c'est une femme, elle reste veuve et vive honnêtement ; 4° aux ascendants. Il n'y a pas d'obligation de laisser des aliments aux descendants, si ce n'est à défaut ou par suite d'insolvabilité de la part d'ascendants plus proches en ligne, ni aux ascendants s'il existe un autre de leurs descendants plus proche.

La dette alimentaire disparaît, lorsque les descendants, les ascendants ou le conjoint survivant, possèdent des biens propres ; si le revenu de ces biens n'est pas aussi élevé que la pension à laquelle ils ont droit, on doit parfaire la différence. Pour avoir droit aux aliments, il faut se trouver dans la situation exigée au moment du décès, et le droit cesse si les conditions voulues disparaissent, et, en outre, si l'ayant droit a une mauvaise conduite ou s'il acquiert des biens propres, sauf paiement de la différence en cas d'insuffisance des revenus de ceux-ci. L'inofficiosité du testament n'existe que lorsqu'on a négligé de laisser la pension alimentaire ; d'ailleurs, tout le reste du testament subsiste, la rente fournie. L'ancien droit n'est plus conservé que dans un cas, et d'ailleurs, il ne s'agit plus de réserve proprement dite, mais de restitution de la part *ab intestat* ; l'enfant posthume a le droit de toucher entièrement cette part, malgré tout testament, à moins que le testateur ne l'ait expressément exhérédé.

On ne peut transiger sur le droit à pension, ni y renoncer. Cette pension doit être garantie dans les mêmes termes que celle due entre vifs pour cause de parenté, et dans aucun cas ne pourra dépasser les revenus de la portion héréditaire de l'héritier, ni être inférieure à la moitié de ces revenus. Si le testateur a fixé lui-même cette portion alimentaire, sa disposition sera respectée, à moins qu'elle ne descende au-dessous de ce *minimum*. La pension alimentaire doit comprendre la nourriture, le vêtement, l'habitation, et les soins en cas de maladie, et s'il s'agit de mineurs, l'instruction primaire et celle professionnelle. Cette pension s'applique aux parents et aux descendants, légitimes ou naturels reconnus. Si la masse héréditaire ne suffit pas pour fournir toutes ces pensions, on donne la préférence aux descendants et au conjoint survivant, au prorata entre eux, et lorsque leurs droits seront couverts, on passera aux ascendants, au prorata aussi entre eux, quels que soient leur ligne et leurs degrés. Le testament qui ne respecte pas ces droits alimentaires est inofficieux.

Ainsi, au système d'une réserve très étendue, le législateur mexicain a substitué l'absence complète de réserve et la liberté illimitée de tester ; il n'y a même pas de réserve en usufruit ou en rente viagère, car cette dernière n'est accordée que si l'ayant droit n'a pas de biens propres suffisants pour sa subsistance, ce n'est donc purement et simplement qu'une pension alimentaire survivant au décès, et même il faut que le besoin de pension existe au moment du décès et qu'il ne disparaisse pas depuis ; on voit que les conditions en sont très rigoureuses. La seule idée que la nouvelle rédaction a retenue du système ancien est donc celle de ne pas causer un déclassement personnel du conjoint ou de l'héritier. Il est probable que l'exemple des peuples Anglo-Américains voisins qui admettent la liberté absolue de tester n'a pas été sans influence sur cette évolution remarquable.

Comme en droit français, on ne peut faire de renonciation ou de transaction relatives à une succession non encore ouverte ; mais si on en invoque la nullité, on doit restituer la contre-valeur reçue.

DE L'INSTITUTION D'HÉRITIER. — Comme la législation espagnole, la mexicaine a retenu du droit romain l'institution d'héritier, distincte du legs, même universel. Cependant le testament est valable sans cette institution, et en cas de refus ou d'incapacité de l'héritier, les legs n'en doivent pas moins être exécutés. D'ailleurs, on peut attribuer à l'héritier seulement certaine quotité ou même certains biens. On est loin, comme on le voit, de l'idée du droit romain. Cette différence est encore plus marquée, en ce qui concerne les obligations de l'héritier institué ; il n'est tenu qu'*intrà vires* des dettes, des legs et des charges. Le code règle diverses questions d'interprétation qui pourraient soulever des controverses. L'institution de Primus, de Secundus et des enfants de Tertius vaut de la même manière que si l'on avait désigné nominativement chacun. Ils ne sont pas tenus de prendre tous le même parti, chacun peut accepter ou répudier pour sa part : mais un seul légataire ne peut accepter un legs pour partie, et s'il lui a été fait deux legs, l'un seul onéreux, il doit accepter ou répudier le tout. Quant à l'héritier qui est en même temps légataire, il peut n'accepter que l'institution ou le legs. Le droit du légataire lui est acquis du jour du décès du *de cujus*, il devient propriétaire de l'objet légué, en acquiert les fruits et en supporte les risques. Il a une hypothèque, ainsi que nous l'avons vu. Le légataire ne peut se mettre lui-même en possession de l'objet, mais doit le demander à l'exécuteur testamentaire. Si l'objet légué périt par suite d'incendie depuis le décès, le légataire a droit à l'indemnité versée par la Compagnie d'assurance.

Telles sont les interprétations de la volonté du testateur données par le législateur ; elles ne sont pas à l'abri de toute critique ; elles sont plutôt logiques et subtiles qu'elles ne renferment une analyse psychologique exacte, suivant en cela le droit romain. Si l'on ne consultait que l'intention probable du défunt, on ferait beaucoup moins de distinctions ; il est évident que, quand il a légué, il a toujours eu l'intention de conférer un bénéfice, et que toutes les fois que l'exécution était impossible en nature, il a voulu l'exécution *autant que possible*, c'est-à-dire celle en valeur. C'est ce que la plupart des législateurs n'ont pas vu : ils ont fermé les yeux à la lumière simple, se débattant dans l'obscurité de l'analyse grammaticale et logique.

En cas d'insuffisance de la masse héréditaire pour acquitter tous les legs, certains doivent être payés de préférence dans l'ordre suivant : 1° les legs rémunératoires ; 2° ceux que le testateur a déclaré payables par préférence ; 3° les legs de corps certains ; 4° ceux d'aliments ou d'éducation.

Des Substitutions. — Tout ce chapitre porte l'empreinte du droit romain. Il y a quatre sortes de substitutions : la *vulgaire*, la *pupillaire*, *l'exemplaire* et la *fidéicommissaire*. La vulgaire a lieu pour les cas de prédécès, de répudiation ou d'incapacité de l'institué : le substitué peut lui-même avoir un substitué en second ordre. La pupillaire est celle faite aux garçons mineurs de quatorze ans et aux filles mineures de douze ans, s'ils meurent avant cet âge, par l'ascendant sous la puissance duquel ils se trouvent. L'exemplaire est celle faite par l'ascendant à son descendant majeur, mais aliéné. Elle devient caduque si l'aliéné recouvre la raison. Si les institués recueillent l'hérédité par parts inégales et sont substitués réciproquement, ils auront les mêmes parts dans la substitution. Les substitutions de la quatrième sorte, les fidéicommissaires, sont prohibées, comme chez nous, mais l'effet de leur nullité n'est pas le même qu'en droit français, elles sont réputées non écrites et ne vicient pas l'institution. Comme chez nous aussi, cette substitution est exceptionnellement permise, lorsque le père institue son enfant en lui substituant les enfants nés ou à naître de celui-ci, auquel cas l'héritier devient un simple usufruitier, mais on ne pourrait substituer des descendants plus éloignés. Le législateur mexicain ajoute très utilement que la prohibition d'aliéner est considérée comme une substitution et par conséquent est illicite. Enfin, il s'occupe de celle *de eo quod supererit*, pour la prohiber aussi, tandis qu'en France elle est permise. Est prohibée à son tour la charge de servir une rente successivement à plusieurs personnes. Mais on excepte de ces prohibitions les prestations imposées à l'institué en faveur des héritiers, ou pour doter des filles pauvres, ou au profit d'un établissement de bienfaisance : seulement l'héritier pourra demander à s'en libérer en donnant un capital dont le quantum sera fixé par le juge. Le testateur peut léguer à un ou à plusieurs de ses descendants une place dans un établissement de bienfaisance ou d'instruction, ou même à des parents collatéraux jusqu'au huitième degré.

De la Nullité et de la Révocation des Testaments. — Il est prohibé de confier à un tiers l'institution d'héritier d'après des instructions secrètes à lui données ; mais un legs est possible dans ces conditions, pourvu que la personne ainsi chargée fasse sa déclaration au juge ou au ministère public avant l'approbation de l'inventaire ; si les intentions sont illégales, le juge s'oppose à leur exécution ; dans le cas contraire, il surveille cette exécution et prononce, s'il y a lieu, une amende égale au quart de la valeur du fidéicommis.

Le testament est vicié par la violence, la fraude ou la captation ; celui qui par ces moyens empêche de tester subira une peine répressive, et sera, en outre, déchu de ses droits d'héritier ab intestat. Si le juge apprend qu'on empêche une personne de tester, il doit se présenter chez elle pour lui donner toute facilité de le faire, il en dresse procès-verbal et indique quels moyens de contrainte avaient été employés. Le testament est toujours révocable : mais s'il est révoqué, la reconnaissance d'enfant naturel qu'il contenait reste valable, lorsque le testament était notarié ou s'il était ouvert. Le postérieur révoque de plein droit l'antérieur, même lorsqu'il devient caduc par l'incapacité ou le refus de l'héritier ou des légataires. Il y a caducité du testament si l'héritier institué ou le légataire meurt avant le décès du *de cujus*, ou avant l'événement de la condition, s'ils sont incapables ou renonçants. Si la disposition contient des conditions déjà réalisées, mais dont la réalisation était inconnue, elle ne devient pas caduque.

Des Exécuteurs testamentaires ou Albaceas. — L'*albacea* ou exécuteur testamentaire, quoiqu'il soit connu dans toutes les législations, revêt un caractère tout particulier dans celle espagnole, et en particulier, dans celle mexicaine. Il devient plus fréquent, intervient même dans la succession ab intestat, et à côté de lui vient se placer dans certains cas une autre personne juridique, *l'interventor*. Faire payer par un tiers les legs et les dettes, liquider la succession, remettre aux héritiers des parts nettes, est une idée qui a préoccupé les jurisconsultes. La loi française n'en contient que des fragments, elle apparaît tout entière dans les textes que nous analysons en ce moment.

La loi reconnaît pour exécuteurs testamentaires ceux qui ont été désignés par le testateur, et à défaut, ou quand ceux-là refusent, ceux nommés à la majorité par les héritiers institués. Cet exécuteur (albacea), s'il n'a pas l'exercice de ses propres droits, est représenté : la femme mineure, par son mari ; les descendants en puissance paternelle, par leurs ascendants; les mineurs, par leur tuteur. La majorité se compte, non d'après le nombre des personnes, mais d'après l'importance des parts, à moins que la majorité en somme n'appartienne qu'à un seul, alors il n'aura de voix que pour le quart ; à défaut de majorité, c'est le juge qui nomme, en choisissant parmi les héritiers. On procède ainsi, même en cas de *succession ab intestat*, et quand l'*albacea* nommé vient à faire défaut. Ne peuvent être nommés *albacea*, les mineurs et autres incapables, les magistrats du ressort et ceux qui ont déjà été destitués d'une semblable fonction. S'il n'y a qu'un héritier, il sera exécuteur ; à défaut d'héritier, ce seront les légataires qui nommeront l'albacea ; à défaut de légataires, ce sera le juge. L'albacea peut être universel ou spécial, nommé en commun avec d'autres ou non ; s'il est nommé en commun (*mancommunado*) tous ne peuvent agir que de concert, à moins d'urgence. La fonction d'*albacea* n'est pas imposée, mais si l'on veut la refuser, il faut le déclarer dans les six jours à partir de celui où on a eu connaissance. Si l'*albacea* refuse sans cause, il perd les legs à lui faits. S'il a des excuses à présenter, il doit le faire dans les six jours depuis qu'il a connu sa nomination ; en attendant la décision, il doit gérer.

Voici maintenant quels sont les droits et les obligations de l'*albacea*.

D'abord, il ne peut déléguer ses pouvoirs qu'en vertu d'un pouvoir solennel, mais doit les exercer lui-même. Il est investi de plein droit de la possession des biens héréditaires (saisine) ; il peut exercer toutes les actions qui compétaient au *de cujus*. Il peut exiger la constitution d'une hypothèque au profit du légataire ; si un legs est soumis à une condition suspensive, il conserve la détention provisoire en donnant caution. Quant à ses obligations, elles sont nombreuses. Il doit : 1° présenter le testament au juge ; 2° mettre en sûreté les biens héréditaires ; 3° procéder à l'inventaire ; 4° administrer les biens et rendre compte ; 5° payer les dettes mortuaires, héréditaires et testamentaires ; 6° faire procéder à la licitation préalable et au partage ; 7° demander et défendre en justice dans tous les procès relatifs tant aux biens de la succession qu'à la validité du testament. Les légataires ne peuvent demander leur paiement avant la fin de l'inventaire, à moins que l'action ne fût déjà commencée avant le décès. Avant ce moment, l'albacea ne pourra livrer aucun objet de la succession, à moins qu'il ne résulte du testament, d'acte authentique ou des livres domestiques, que cet objet appartient à autrui. Le testateur ne peut dispenser de l'inventaire. La présentation du testament doit avoir lieu dans la huitaine du décès. Ensuite a lieu la citation des intéressés : s'il n'y a pas d'*albacea*, ou en cas de succession ab intestat, tout héritier peut la faire, un étranger même le peut, avec l'autorisation du juge. Alors celui-ci fait nommer un albacea, s'il n'en existe pas. L'inventaire a lieu par les soins de l'albacea. Dans le premier mois de ses fonctions, il fixe, d'accord avec les héritiers, la somme qu'il pourra dépenser pour sa gestion ; il vendra, avec cet accord ou avec l'autorisation de justice, ce qui est nécessaire pour payer telle ou telle dette ; il n'a pas le droit de donner à bail sans l'assentiment de tous, à plus forte raison, de gérer ou d'hypothéquer, de transiger ou de compromettre. Si aucun terme n'a été fixé, il doit rester en fonctions pendant un an depuis son acceptation ou jusqu'à la terminaison des litiges relatifs à la validité du testament, mais ce temps peut être prorogé par le testateur, ou par les héritiers. Le salaire de l'exécuteur, s'il n'a pas été fixé par le testateur, sera de dix pour cent du montant de la succession : s'il fait le partage, il aura en outre, les droits du liquidateur expert (*arancel*). S'il est légataire, il n'a plus droit à des honoraires ; le legs fait dans ce but à l'un des solidaires accroît aux autres. Si *l'albacea* ne fait pas d'inventaire dans le délai, il perd son droit au legs.

A côté de *l'albacea* se place *l'interventor*. Il tient lieu provisoirement *d'albacea* jusqu'à que celui-ci soit choisi. Il peut être nommé librement par le testateur ou par les héritiers à la majorité, ou par le juge, parmi les personnes proposées par les héritiers. L'*interventor* doit être nommé : 1° quand parmi les héritiers se trouve une femme mariée mineure ou séparée judiciairement de corps ou de biens ; 2° quand l'héritier est absent ou inconnu ; 3° quand les legs égalent la portion de l'héritier *albacea* ; 4° lorsqu'il y a des legs au profit d'établissements publics. Dans tous ces cas, l'*interventor* devient le surveillant de l'*albacea*, comme le *subrogé-tuteur* l'est chez nous du *tuteur*.

DE LA FORME DES TESTAMENTS. — Le Code mexicain distingue les testaments de droit commun et ceux d'exception. Les premiers comprennent le testament *public* et le testament *privé*; celui-là notarié, le second fait devant témoins ; le testament public se subdivise à son tour en testament *ouvert* et en testament *fermé*, ce dernier correspondant à peu près à notre testament mystique. Quant aux testaments d'exception, ce sont ceux militaires, ceux maritimes et ceux faits en pays étranger.

Le Code pose d'abord des principes communs à tous les testaments. Ne peuvent être témoins ; 1° les clercs de notaire ; 2° les aveugles et ceux qui ne comprennent pas l'idiome du testateur ; 3° ceux qui sont entièrement sourds ou muets ; 4° les aliénés ; 5° les personnes sans domicile ; 6° les femmes ; 7° les mineurs ; 8° ceux qui ont été condamnés pour faux. L'incapacité s'observe au moment du testament. Si le testateur ignore la langue du pays, on appelle, outre les témoins, deux interprètes choisis par lui. Le notaire et les témoins doivent s'assurer de l'identité et de la sanité d'esprit du testateur ; s'ils ne le peuvent, ils en font mention, en indiquant les indices qu'ils ont recueillis ; il faudra ensuite, pour faire valoir le testament, prouver l'identité du testateur. Tous blancs, abréviations ou énonciations en chiffres sont interdits sous peine d'amende. Le notaire doit, aussitôt qu'il apprend le décès, avertir les intéressés de l'existence du testament, sous peine de dommages-intérêts ; il en est de même de toute autre personne qui détiendrait un testament fermé.

Du Testament Public. — Le testament public ouvert doit être dicté par le testateur devant trois témoins et un notaire ; celui-ci écrit, lit et date, et tous signent ; si l'un des témoins ne le peut pas, l'autre signe pour lui, il faut la signature de deux témoins au moins ; si le testateur ne sait signer, on appelle un nouveau témoin qui signe pour lui ; en cas d'urgence, c'est un des trois témoins instrumentaires qui signe pour le testateur. Le testateur qui sait lire devra lire son testament ; s'il ne le sait, il choisira une personne qui le lira devant lui. A défaut de l'une de ces formalités, le testament sera nul. On voit que, moyennant certaines précautions, le Code mexicain a donné la possibilité de tester par acte public dans bien des cas où ce testament serait impossible en France.

Le testament public fermé (mystique) peut être écrit par le testateur, ou par une autre personne à sa place, mais le testateur doit parapher chaque feuille et signer à la fin, et s'il ne le peut, charger une autre personne de le faire ; dans ce cas, cette dernière devra comparaître lors de la présentation et signer sur l'enveloppe : le testament ou son enveloppe doivent être fermés et scellés, puis présentés à un notaire : le testateur déclare qu'il contient ses dernières volontés, le notaire, le testateur, les témoins signent l'enveloppe et le notaire y appose son sceau; si l'un des témoins ne sait signer, on appelle un témoin de plus pour signer à sa place ; si lors de la présentation le testateur ne peut signer, il appelle une personne autre que les témoins, qui signera pour lui ; en cas d'extrême urgence, on pourra se contenter de la signature d'un seul témoin, circonstance que le notaire relatera, sous peine d'être suspendu de ses fonctions pendant trois ans. Ceux qui ne savent pas lire ne peuvent tester de cette manière. Le sourd-muet le peut, pourvu que le testament soit daté et signé de sa main, et que, lors de la présentation qu'il en fera au notaire devant cinq témoins, il écrive devant tous sur l'enveloppe, que le pli contient ses dernières volontés ; il peut faire signer pour lui un des témoins. Celui qui n'est que muet seulement ou sourd seulement, peut faire un testament fermé s'il l'écrit lui-même, ou s'il déclare par écrit que c'est son testament écrit par un autre. Toutes ces formalités sont prescrites sous peine de nullité. Le testament authentique est ensuite remis au testateur, ce que le notaire mentionne sur un procès-verbal, il n'y a pas de sanction de nullité, mais seulement celle de suspension de six mois pour le notaire. Le testateur pourra, au lieu de garder chez lui son testament fermé, le déposer aux mains du greffier qui dressera acte du dépôt, il pourra ensuite le reprendre. Après le décès, lorsque le testament fermé est remis au juge, celui-ci fait comparaître le notaire et les témoins, lesquels reconnaissent leurs signatures et celle du testateur ou de la personne qui a signé pour lui, et disent s'il est fermé comme il l'était à l'origine ; il suffira, en cas de décès, de la reconnaissance de la majorité des témoins et du notaire ; lorsqu'elle est impossible, cette comparution sera remplacée par une enquête faite par le juge. Celui-ci ordonnera ensuite l'ouverture du testament. Ce testament est nul, si la clôture a été rompue, ou si les signatures y ont été effacées. Toute personne qui a eu en sa possession un testament fermé,

et ne le présente pas, ou celle qui le soustrait frauduleusement perdra ses droits d'héritière *ab intestat*.

Soit dans le testament public ouvert, soit dans le
même fermé, le législateur mexicain a accumulé, bien
moins que le législateur français, les formalités irri-
tantes et les causes de nullité ; au contraire, il vient à
chaque instant au secours du testateur qui se trouve
dans un cas d'impossibilité pour lui fournir une formalité équivalente.

Du Testament privé. — Le testament privé, qui
correspond à notre testament olographe, en diffère en
ce qu'il n'est admis que par exception, tandis que le
nôtre est de droit commun ; ici le législateur mexicain
a été plus sévère que le français. Il n'admet le testament privé que dans les cas suivants : 1° quand le testateur est en danger imminent de mort ; 2° quand les
communications se trouvent interrompues en raison
d'une épidémie ; 3° quand on se trouve dans une place
assiégée ; 4° quand il n'y a dans la localité ni notaire
ni juge pour faire un testament public. D'ailleurs, ce
testament exige la présence de témoins au nombre
de cinq ; c'est l'un d'eux qui doit écrire le testament ; en cas d'urgence trois témoins suffisent, et
même on peut se passer d'écrire quand aucun des témoins ne sait le faire. Enfin ce testament perd sa valeur
un mois après qu'a cessé la situation qui le faisait
admettre. Après le décès, les témoins viennent déclarer
les dispositions qu'ils ont entendues ou signées ; ils
attestent le lieu et l'heure du testament, la teneur
des dispositions, la sanité d'esprit du testateur, les
motifs qui ont empêché de recourir à un notaire, le cas
de nécessité, et disent s'ils ont bien reconnu l'identité

du testateur ; le juge, s'il y a conformité dans ces affirmations, déclarera le testament valable ; c'est ce qu'on appelle la *conversion* du testament *privé* en testament *formel*. On voit que ce testament privé n'a rien de commun avec notre testament olographe.

DES TESTAMENTS EXCEPTIONNELS. — Les testaments exceptionnels : le militaire, le maritime, celui fait en pays étranger, se règlent ainsi qu'il suit. Les militaires et employés civils de l'armée, à partir de leur entrée en campagne, peuvent tester par testament privé. Si l'on est sur le champ de bataille, il suffit de déclarer sa volonté devant deux témoins, ou de leur présenter le pli fermé la contenant, au moins signé, les témoins signent l'enveloppe, ainsi que le testateur, s'il le peut. Les prisonniers, en cas d'urgence, peuvent tester ainsi. Après le décès, ces testaments sont envoyés immédiatement au Ministère de la Guerre. Si le testament a été verbal, les témoins devront en aviser de suite le chef immédiat. Ceux qui se trouvent à bord d'un navire peuvent aussi employer la forme privée, avec des formalités simplifiées ; il suffira de deux témoins et du commandant du navire qui lira, datera et signera, comme dans le testament ci-dessus. Le testament maritime est fait en double et mentionné au journal de bord. Si le navire aborde à un port où il y a un consul mexicain, on doit déposer entre ses mains un des doubles, le consul l'envoie au ministère des affaires étrangères, lequel le fait publier dans les journaux. Ce testament ne reste valable que pendant un mois à partir du débarquement dans un lieu où l'on peut tester plus régulièrement, soit d'après la loi mexicaine, soit d'après une loi étrangère. Quant aux testaments faits en pays étrangers, ils doivent être formalisés dans les formes voulues par la loi mexicaine ; les secrétaires de légation, consuls et vice-consuls, y tiendront lieu de notaires.

B. DE LA SUCCESSION AB INTESTAT. — Le Code mexicain traite successivement du droit de représentation, de la succession des descendants, de celle des ascendants, de celle des collatéraux, de celle du conjoint, de celle du Trésor public ; il établit d'abord d'une manière générale que le droit de représentation n'est admis qu'exceptionnellement et que les enfants et descendants de l'incapable ne sont pas exclus de la succession, même du vivant de leur père ou de leur mère, s'ils y viennent par représentation. La représentation n'a lieu qu'en ligne directe descendante, et en collatérale au profit des neveux et nièces, soit germains, soit non germains. On peut représenter celui à la succession duquel on a renoncé, mais non celui de la succession duquel on a été exclu comme incapable. Si l'on est héritier dans deux lignes, on peut accepter dans l'une et répudier dans l'autre.

Le Code établit, ainsi qu'il suit, l'ordre des successeurs : 1° les descendants, les ascendants et le conjoint survivant ; 2° les ascendants et le conjoint survivant ; 3° à défaut, les frères, sœurs, neveux et nièces, et le conjoint survivant ; 4° le conjoint survivant ; 5° les autres collatéraux jusqu'au 8° degré ; 6° le fisc.

Dans le premier ordre, les descendants héritent par souches ; les enfants légitimes partagent également ; les enfants *naturales* et *espurios* succèdent de la même manière, mais leurs descendants ne viennent pas par représentation. S'il y a concours de descendants légitimes avec des *naturales*, le partage se fait en déduisant de la portion des *naturales* un tiers qui accroît aux légitimes.

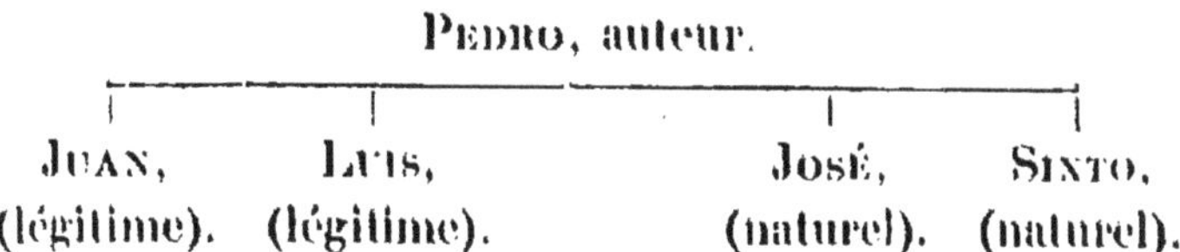

Si la succession est de 12,000, la part de chacun, s'il eût été légitime, serait de 3,000 fr. Mais on enlèvera le 1/3 de cette part, soit 1,000, à chacun des deux enfants naturels, et cette somme accroîtra aux légitimes, de sorte que Juan aura $3,000 + 1,000 = 4,000$; de même Luis : et que José aura $3,000 - 1,000 = 2,000$; de même Sixto.

S'il y a concours d'enfants légitimes avec des *espurios*, ceux-ci n'auront droit qu'à des aliments qui ne pourront dépasser en tout cas ce qui serait revenu à des *naturales*.

S'il y a concours d'enfants *naturales* et d'enfants *espurios*, on divisera par souches, puis de ce qui revient à chaque *espurio*, on déduira une moitié qui accroîtra aux *naturales*.

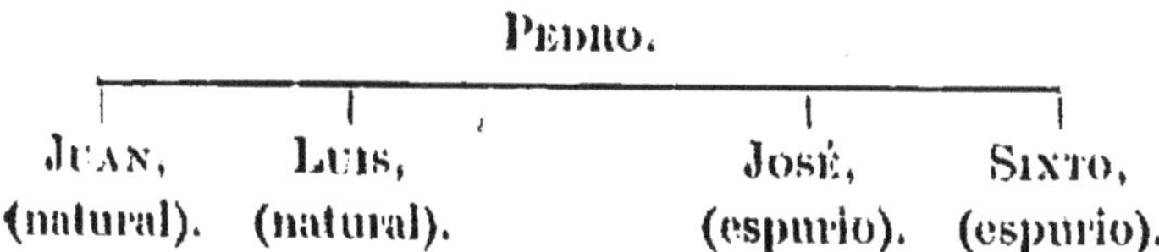

Soit une succession de 8,000. Juan aura $2,000 + 1,000 = 3,000$; de même Luis ; José aura $2,000 - 1,000 = 1,000$; de même Sixto.

En cas de concours de descendants légitimes avec

des *naturales* et des *espurios*, la division se fera, comme ci-dessus, entre les légitimes et les *naturales* et les *espurios* n'auront droit qu'à des aliments.

En cas de concours entre les enfants légitimes et les ascendants, ceux-ci auront droit seulement à des aliments, lesquels ne pourront excéder la part de l'un des enfants.

En cas de concours entre les enfants *naturales* et les ascendants de premier degré, la division se fera par parts égales, en considérant les ascendants comme une seule personne.

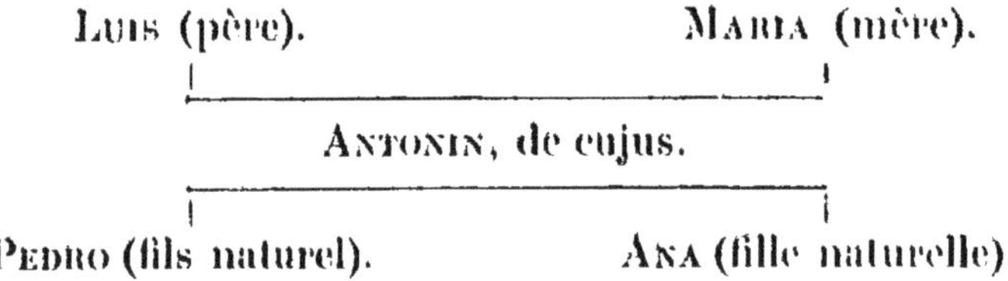

Si la succession est de 12,000, elle se divisera par 1/3 = 4,000, Pedro aura 4,000, Ana, 4,000, Luis, 2,000 et Maria, 2,000.

En cas de concours d'enfants *naturales* avec des ascendants de degrés ultérieurs, les ascendants n'auront droit qu'à des aliments qui ne pourront excéder une part d'enfant.

En cas de concours d'enfants *espurios* avec des ascendants de premier degré, on diminuera de la part de chacun des premiers une moitié qui accroîtra aux ascendants, ces derniers considérés comme une seule personne.

En cas de concours d'enfants *espurios* avec des ascendants de degré ultérieur, on partagera par parts égales, en considérant les ascendants comme une seule personne.

En cas de concours d'enfants légitimes et d'enfants *naturales* avec des ascendants d'un degré quelconque, on partagera entre les légitimes et les *naturales* seulement, en déduisant un tiers de la part de chaque naturel qui accroîtra aux légitimes : quant aux ascendants ils n'auront droit qu'à des aliments.

En cas de concours d'ascendants du premier degré avec des enfants *naturales* et des *espurios*, on déduit de la part des *espurios* une moitié qui accroît aux ascendants et aux enfants *naturáles*.

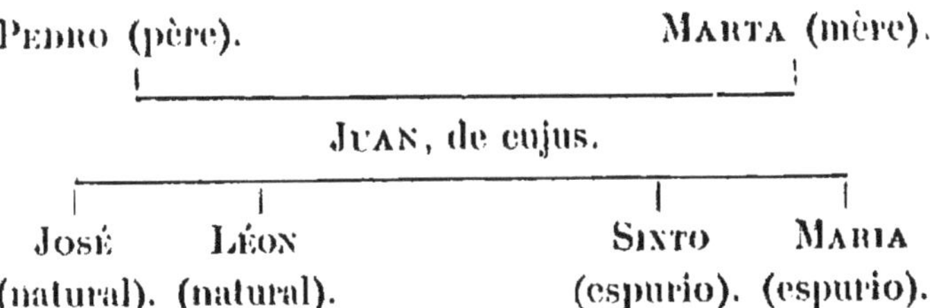

Soit une succession de 20,000. Voici le calcul. La part réunie de chacun (ces deux ascendants étant considérés pour un) serait de 4,000. Si l'on déduit la moitié de la part de chaque *espurio*, chacun d'entre eux n'a plus droit qu'à 2,000. Les 4,000 qui leur seront retirés accroissent aux *naturales* et aux ascendants, de sorte qu'ensemble, au lieu de 12,000, ils auront droit à 16,000 à partager entre eux, dont le 1/3 pour chacun des descendants est 5 333,34 et le 1/3 pour les deux ascendants 5 333,34.

En cas de concours d'enfants *naturales* et d'*espurios* avec des ascendants de degrés ultérieurs, la division se fera en retenant sur la part des *espurios* la moitié qui accroîtra aux *naturales*, et les ascendants n'auront droit qu'à des aliments.

Avec tous ces héritiers concourt le conjoint survivant avec une part d'enfant légitime, s'il est dans l'indigence, ou si ce qu'il possède ne lui donne pas la valeur d'une part d'enfant légitime; dans ce dernier cas il a droit à la différence.

Le second ordre s'ouvre lorsqu'il n'y a pas de descendants. Alors le père et la mère héritent par parts égales; si l'un d'eux est prédécédé, le survivant recueille le tout. S'il n'y a seulement que des ascendants ultérieurs dans une ligne, la succession se divise en parts égales; s'il y en a dans les deux lignes, une moitié appartiendra à la ligne paternelle, et l'autre à la ligne maternelle; mais dans l'intérieur de chaque ligne on partage par parts viriles.

S'il y a concours du conjoint survivant avec les ascendants, la moitié de la succession reviendra à l'époux et l'autre moitié aux ascendants, l'indigence de l'époux n'est plus nécessaire.

Les ascendants, même illégitimes, auront les mêmes droits, s'ils ont reconnu le de cujus; mais si la reconnaissance n'a eu lieu qu'après que le descendant a hérité, ni l'ascendant qui a reconnu, ni ses descendants, n'ont le droit de succéder et ils ne peuvent demander que des aliments.

Le troisième ordre est celui des collatéraux privilégiés, c'est-à-dire des frères et sœurs ou descendants d'eux, avec ou sans concours avec l'époux survivant. S'il y a des frères et sœurs légitimes des deux lignes, ils partagent également; les frères germains ont double part des non germains. On hérite par souches. A défaut de frères et sœurs légitimes viennent les *naturales*, et à défaut les *espurios* reconnus; à défaut, leurs enfants légitimes.

En cas de concours du conjoint survivant, s'il n'y a qu'un frère, ils partageront par portions égales ; s'il y a plus d'un frère ou d'une sœur, l'époux aura le tiers de la succession. Il n'est plus nécessaire pour cela qu'il soit dans l'indigence. Cet époux exclut les frères et sœurs naturels qui n'auront plus droit qu'à des aliments.

Le quatrième ordre se compose du conjoint survivant qui hérite seul à défaut de collatéraux privilégiés.

Le cinquième ordre comprend les autres collatéraux qui héritent jusqu'au huitième degré ; le plus proche, de quelque ligne que ce soit, exclut les autres.

Le sixième ordre comprend le Trésor Public.

Cette dévolution successorale est très remarquable. Elle se base sur le principe de l'affection présumée, comme celle de notre Code, mais d'une manière plus complète, car lorsqu'il s'agit des collatéraux, elle n'admet pas la fente en deux lignes, et d'autre part, elle ne fait pas concourir les frères et sœurs avec le père ou la mère, ni même avec les autres ascendants ; elle est donc très éloignée du système des parentèles du droit germanique.

Par ailleurs, ses points particuliers les plus remarquables sont les suivants :

1° Les descendants n'excluent point entièrement les ascendants comme chez nous, mais il y a concours entre eux, disposition toute nouvelle qui semblerait juste, si pour les ascendants elle se bornait à de l'usufruit.

2° Les ascendants excluent tous les frères et sœurs ; ainsi se trouve détruite l'anomalie de notre Code qui accorde une réserve à l'aïeul en lui refusant dans ce cas la succession.

3° Le législateur distingue les enfants *naturales* et

les *espurios*, et il accorde à tous des droits de succession variés ; il les fait concourir avec tous les parents, et partout la succession naturelle qui se dédouble elle-même vient se mouler sur la succession légitime.

4° Le conjoint survivant concourt avec tous les héritiers, ce qui existe chez nous seulement depuis ces derniers temps. En outre, il exclut les collatéraux, autres que les privilégiés.

DISPOSITIONS COMMUNES A LA SUCCESSION TESTA-MENTAIRE ET A LA SUCCESSION AB INTESTAT. — Il s'agit ici de ce qui suit l'ouverture de la succession : le législateur traite successivement, 1° de l'ouverture et de la transmission de la succession ; 2° de son acceptation et de sa répudiation ; 3° des *albaceas* ; 4° de l'inventaire et de la liquidation ; 5° du partage.

Il y joint deux sujets qui appartiennent plutôt à la dévolution de la succession elle-même : 1° le droit d'accroissement ; 2° les précautions à prendre par la veuve enceinte au moment du décès. Nous commencerons par ces derniers points.

Enfin, il traite ici de l'*albacea* ou exécuteur testamentaire, parce qu'en droit mexicain, comme nous l'avons expliqué, l'albacea est aussi un exécuteur ab intestat. Mais nous avons déjà résumé plus haut ces dispositions. Dans la revision de 1882, le législateur a supprimé du texte primitif tout ce qui se rapporte à la procédure.

L'ancien texte contenait un chapitre sur la *porcion viudal* qui a été abrogé lors de la revision. Il importe de savoir quelle était cette institution.

C'était le complément de la dévolution successorale. Quelles que fussent les conventions matrimoniales, l'époux survivant, s'il était dans l'indigence, avait droit à des aliments sur les revenus de la succession du prédécédé, à moins qu'il ne se trouvât dans un des cas d'indignité énumérés ci-dessus ; les biens dont le mari n'a que l'usufruit n'étaient pas soumis à ce droit. Cette créance alimentaire se perdait par le convol ; elle ne prenait pas naissance si l'époux avait un droit de succession suffisant ; aujourd'hui, le texte actuel accorde un droit d'usufruit à l'époux, à titre de réserve nouvelle ; la *porcion viudal* est devenue inutile.

Du Droit d'Accroissement. — Pour que ce droit ait lieu, il faut que deux ou plusieurs personnes soient appelées à une même succession ou à une même portion de cette succession, sans désignation de parts, et que l'un d'eux prédécède au de cujus, renonce, ou soit incapable. La désignation de part s'entend d'une désignation matérielle ; ainsi lorsque le testateur a dit simplement : par moitié ou par parts égales, le droit d'accroissement n'en a pas moins lieu. Les héritiers ne peuvent refuser l'accroissement seul, il faut qu'ils renoncent à toute leur part, à moins qu'ils ne soient réservataires. Lorsqu'il s'agit d'usufruit, et qu'il y a lieu à accroissement, cet accroissement s'opère, même lorsque la part caduque le devient après l'acceptation. Entre légataires, l'accroissement a lieu dans les mêmes conditions ; à défaut, la part caduque profite aux héritiers.

Des Précautions a prendre par la Femme enceinte a la Mort de son Mari. — Dans ce cas, la femme doit déclarer sa situation dans les quarante jours au juge qui en avise les intéressés, lesquels peuvent demander qu'il soit procédé à une vérification, et en tout cas réclamer des précautions pour empêcher la supposition de part, et pour s'assurer que l'enfant sera né viable. Si la vérification est contraire aux assertions de la veuve, celle-ci peut demander qu'on lui assigne une maison où elle sera gardée à vue jusqu'à son accouchement. Les intéressés peuvent exiger à toute époque une vérification nouvelle. Cette vérification ne peut être requise si le mari dans un acte public ou privé a reconnu la grossesse. La veuve enceinte a droit à des aliments. On devra différer le partage jusqu'à l'accouchement.

DE L'OUVERTURE, DE LA TRANSMISSION, DE L'ACCEPTATION ET DE LA RÉPUDIATION DE LA SUCCESSION. — La succession s'ouvre au moment du décès. Jusqu'au partage, la succession est considérée comme indivisible, et l'ayant-droit peut la revendiquer tout entière, sans qu'on puisse lui opposer qu'il n'a droit qu'à une partie ; l'*albacea* peut aussi faire cette revendication. Elle se prescrit par vingt années.

L'acceptation et la répudiation sont libres : la première peut n'être que tacite ; mais elle ne peut être faite partiellement, à terme ou sous condition. La femme doit être autorisée de son mari ou de justice ; le mari ne peut accepter ni répudier une succession à lui échue, mais tombant en communauté, sans le consentement de sa femme. Les sourds-muets qui n'ont pas de tuteur peuvent accepter eux-mêmes, s'ils savent écrire, mais dans le cas contraire, il faut leur nommer un tuteur *ad hoc* qui accepte pour eux comme pour le mineur. Le droit d'accepter ou de répudier est transmissible aux héritiers de l'héritier. L'acceptation a un effet rétroactif au décès. La répudiation doit être écrite et faite en présence du juge. Celui qui est à la fois héritier ab intestat et testamentaire, s'il répudie en la dernière qualité, se trouve avoir répudié aussi en la première, et réciproquement ; il faut excepter le cas où sa vocation testamentaire ne lui aurait été connue que depuis. On ne peut renoncer à la succession d'une personne vivante, même par contrat de mariage, ni vendre ses droits dans une telle succession ; on ne peut même pas le faire avant qu'on ne soit certain du décès. Mais il n'y a pas besoin d'attendre l'événement de la condition, en cas d'institution d'héritier ou de legs conditionnel. Les établissements publics ne peuvent accepter qu'avec l'autorisation du gouvernement. La renonciation à la succession, en cas de fraude aux créanciers, tombe sous le coup de l'action Paulienne, mais la révocation n'aura lieu alors qu'au profit des créanciers seuls et non de l'héritier renonçant et jusqu'à concurrence de leurs créances ; elle ne profitera pas non plus aux créanciers postérieurs ; en outre, et ceci est une restriction très utile qu'on ne trouve pas dans notre Droit, les héritiers acceptants pourront empêcher cette révocation de la renonciation en payant les créanciers. L'héritier convaincu par jugement d'avoir dissimulé ou soustrait un objet de la succession est responsable du dommage et punissable conformément à la loi pénale.

Il faut noter plusieurs dispositions très remarquables, différentes de celles de notre Droit, et que le lecteur doit attentivement retenir. Ce sont les suivantes :

1° Non seulement l'acceptation est révocable, comme en droit français, mais aussi la répudiation de la succession.

2° Cependant l'héritier peut revenir sur l'acceptation ou sur la renonciation, lorsqu'en vertu d'un testament, inconnu alors, la quantité de la succession est diminuée ou augmentée. Chez nous, la révocation n'est permise que pour l'acceptation, et seulement lorsque le testament révèle des legs qui diminuent l'hérédité de plus de moitié.

3° Tout intéressé à ce que l'héritier prenne parti peut, neuf jours après l'ouverture de la succession, demander que le juge lui impartisse un délai d'un mois au plus pour le faire, sous peine d'être déclaré acceptant. Dans notre législation, ce droit appartient aux créanciers seuls, et aux légataires, comme créanciers, mais non à d'autres, en particulier, aux cohéritiers, ou aux héritiers du degré subséquent.

4° Lorsqu'il est intervenu un jugement déclarant ainsi l'héritier acceptant, celui-ci est désormais acceptant au regard de tous ; ce jugement a un *effet absolu*, et non plus seulement relatif. C'est le système contraire qu'a adopté le Droit français.

5° L'acceptation ne crée pas de confusion entre le patrimoine de l'héritier et celui de la succession, les deux restent parfaitement distincts. Cependant il y a lieu de la part des créanciers de demander la *séparation des patrimoines*.

6° L'héritier n'est en principe tenu qu'*intra vires* des dettes et charges de la succession. Il n'y a donc plus besoin de *bénéfice d'inventaire*. Toute *acceptation est bénéficiaire de plein droit*. C'est exactement le contraire de ce que décide notre Code civil. L'héritier peut impunément prendre le titre d'héritier, sans que pour cela la succession, ou les créanciers de celle-ci, puissent s'enrichir à ses dépens.

Ces deux dernières dispositions sont d'une extrême importance. Plus de procédure de bénéfice d'inventaire. Jusqu'au partage, aucune confusion, et ensuite l'héritier ne doit rien au delà de ce qu'il a recueilli. Ce sont là des principes de justice évidente, que cependant presque toutes les législations méconnaissent ; c'est un honneur pour le législateur mexicain de les avoir nettement formulées et d'en avoir fait la base du règlement des successions. La vieille idée que l'héritier représente la personne même du défunt, devenue fausse au cours de l'évolution, est écartée, ce n'est plus qu'un successeur aux biens.

De l'Inventaire et de la Liquidation. — Cependant l'inventaire reste utile, et l'héritier doit y procéder dans un délai de huitaine à partir du jour où il a eu connaissance de sa vocation. Il n'est pas le seul à en provoquer la confection ; à côté de lui se trouve souvent l'exécuteur testamentaire, *l'albacea*, c'est même à ce dernier qu'incombe en première ligne cette obligation ; à son défaut, l'héritier agit, et dès lors se trouve associé à *l'albacea* qui ne peut plus administrer que de concert avec lui. En cas de désaccord, le juge statue. Les formalités de l'inventaire ont, lors de la revision de 1884, disparu du Code Civil et trouvé leur place dans le Code de Procédure civile promulgué la même année. L'ancienne rédaction conserve cependant un intérêt rétrospectif sur ce point. Voici quelles étaient les formes de l'inventaire.

L'inventaire est tantôt simple, tantôt solennel, suivant des distinctions et des formalités indiquées par le Code de Procédure civile. La forme solennelle est nécessaire quand la majorité des héritiers ou des légataires l'exige, quand les créanciers demandent la séparation des patrimoines, lorsque parmi la succession se trouvent des biens dotaux, lorsque des établissements publics se trouvent intéressés. L'inventaire est précédé d'une procédure provocatoire, l'*albacea* fait citer les créanciers et les légataires à un terme qui ne doit pas excéder trente jours pour assister à cet inventaire ; en cas de défaut, on y procède en présence du ministère public : l'*albacea* doit le clore dans les 90 jours de l'acceptation de ses fonctions ; le juge peut accorder une prorogation de 90 nouveaux jours. L'*albacea* nomme des experts estimateurs, d'accord avec les intéressés, et en cas de désaccord, la moitié des experts est choisie par l'*albacea* : avant de commencer leurs opérations, les experts en nomment un troisième qui, à défaut, sera choisi par le juge. Le Code pose certaines règles d'estimation : pour les immeubles ruraux, on prend le produit moyen des cinq dernières années ; si le domaine direct est séparé du domaine utile ou emphytéotique, il s'évaluera en capitalisant la rente d'après le taux stipulé, et à défaut de stipulation, à six pour cent du revenu annuel. L'inventaire comprend donc, à la différence de celui de la loi française, l'énumération et l'estimation des immeubles. Telles étaient les formalités. Aujourd'hui, c'est le Code de Procédure qui les détermine.

L'inventaire terminé, l'*albacea* procède à la liquidation. Pendant la durée du délai de l'inventaire, les actions des créanciers et des légataires sont suspendues, sauf exception pour les dettes mortuaires, les frais, les dettes alimentaires, et les préjudices imputables à la succession, lesquels doivent être payés avant tout. Parmi les dettes mortuaires sont compris les frais de dernière maladie. S'il n'y a pas de deniers disponibles, *l'albacea* fera vendre des meubles ou des immeubles pour les acquitter. Ensuite viennent les dettes exigibles. En ce qui concerne les autres dettes, s'il y a faillite, *l'albacea* ne pourra payer que d'après l'état de répartition; dans le cas contraire, les créanciers seront payés à mesure qu'ils se présenteront, mais ils seront tenus de donner caution, si parmi ceux qui ne se présentent pas il y en a de préférables. On ne peut délivrer les legs avant le paiement intégral des dettes ou la mise à part des fonds nécessaires; s'il se présente ensuite de nouveaux créanciers, ils n'auront plus d'action que contre les légataires, si l'actif est distribué.

DE L'OBLIGATION AUX DETTES ET DES RAPPORTS. — Aucun texte ne prononce d'obligation aux dettes *ultra vires* contre l'héritier qui ne fait pas inventaire; pour n'être tenu qu'*intra vires*, il n'est donc nécessaire ni de s'abstenir de prendre la qualité d'héritier pur et simple, ni de faire une déclaration au greffe, ni d'empêcher les biens de la succession de se confondre avec les siens, ni de s'abstenir de tout acte de disposition. Il n'existe aucune différence entre l'héritier pur et simple et le bénéficiaire. *Tout héritier qui accepte est héritier bénéficiaire de plein droit.* Il ne s'agit pas seulement de la suppression d'une formalité, mais de celle de toute condition, pour attendre ce résultat.

C'est ici que se plaçait dans le texte primitif le chapitre relatif aux rapports. Il a disparu lors de la revision. C'est une conséquence de la liberté illimitée de tester que la nouvelle rédaction a proclamée. Ni réduction désormais, ni rapport, voilà la matière des successions bien simplifiée. Nous croyons qu'il n'est pas sans intérêt rétrospectif de faire connaître en quelques mots les dispositions virtuellement abrogées.

Le rapport avait lieu de la part de tous les héritiers, à moins que la donation n'eût été préciputaire ou qu'il n'y eût eu renonciation à la succession; si les petits-fils venaient à la succession par représentation de leur père, ils devaient rapporter tout ce qui avait été donné à celui-ci ; mais le père n'était pas tenu de rapporter ce qui avait été donné à son enfant, ni le mari ce qui l'avait été à sa femme, même si le disposant l'avait stipulé. N'était pas rapportable la valeur des soins donnés en cas de maladie, mais l'étaient les dépenses faites pour procurer une carrière libérale, artistique ou professionnelle, et le paiement des dettes, seulement on en déduisait ce que l'enfant aurait dépensé s'il eût vécu sous le toit paternel, et le père pouvait dans ce cas dispenser du rapport. Ce n'étaient pas les objets mêmes, mais leur valeur au moment de la donation qu'on devait rapporter; la perte, même totale, les détériorations, les augmentations, même fortuites, à partir de cette époque, étaient à la charge du donataire. Mais s'il s'agissait d'une dot, la femme pouvait choisir pour l'estimation l'époque de la constitution de dot ou celle de l'ouverture de la succession. Autant que possible, le rapport se faisait en moins prenant sur des biens de même nature : si cela était impossible, le donataire devait être égalisé en espèces, et dans ce but on devait vendre tout ou partie des immeubles à rapporter : s'il s'agissait de meubles, les cohéritiers n'avaient que le droit d'être remplis en autres meubles héréditaires. Si la valeur des biens donnés excédait la part de légitime, et que le testateur n'eût pas disposé du disponible, et qu'il s'agit d'une dot, la femme pouvait choisir, pour l'estimation, entre les deux époques ci-dessus indiquées ; s'il ne s'agissait pas de dot, la donation était considérée comme *mejora*. En cas d'aliénation des biens donnés, les cohéritiers n'avaient d'action contre les tiers acquéreurs que pour ce qui ne pourrait être rapporté autrement et après discussion faite du donataire lui-même. Les fruits n'appartenaient à la succession qu'à partir du jour du partage, mais pour ce qui dépassait la part héréditaire, les intérêts étaient dus du jour de l'ouverture de la succession. Toutes ces règles ont disparu avec l'abrogation de l'obligation du rapport.

Du Partage. — C'est l'*albacea* qui en provoque la confection. Le *de cujus* ne peut ordonner qu'on demeure dans l'indivision, mais les cohéritiers peuvent en convenir, et en outre, il y a lieu de surseoir quand une femme se trouve enceinte au décès de son mari. S'il y a des mineurs, on doit entendre le tuteur et le ministère public, et l'acte qui proroge l'indivision indiquera pour quel temps.

Le de cujus pourra de son vivant faire le partage par testament ou par acte entre vifs. Les cohéritiers devront réciproquement se bonifier les fruits perçus par chacun d'eux, les frais et les détériorations provenant de leur fait. Les dettes contractées pendant l'indivision seront payées de préférence. Si le testateur a légué une rente viagère, sans en charger spécialement l'un des héritiers, on la capitalisera à six pour cent, et on mettra à part le capital nécessaire pour y faire face, puis on remettra ce capital à l'ayant-droit qui devra se comporter comme un usufruitier. Le partage doit se faire par acte authentique, lorsqu'il porte sur des biens qui ne peuvent se vendre que sous cette forme. L'action en partage se prescrit par vingt ans au profit du cohéritier qui a possédé tout ou partie en son propre nom ; cette prescription courra du jour du décès. L'héritier ou le légataire qui veut céder ses droits en avertira ses cohéritiers qui auront un droit de préemption, mais ceux-ci doivent en user dans les trois jours de l'avis : il n'y a plus lieu à ce droit de préemption si la cession est faite à un cohéritier ou a lieu à titre de donation.

Les copartageants se doivent garantie en cas d'éviction ; cette obligation n'existe plus en cas de partage entre vifs par l'ascendant, ou en cas de conventions contraires, ou lorsque l'éviction procède d'une cause postérieure au partage ou d'une faute de l'héritier : la perte retombe alors sur tous, y compris l'héritier évincé ; il n'est pas dû, en ce qui concerne les créances, de garantie de la solvabilité future du débiteur.

Les partages extrajudiciaires ne peuvent être rescindés que dans les mêmes cas que les autres contrats ; les judiciaires ne peuvent l'être que dans des cas plus restreints et dans les formes édictées par le Code de Procédure civile. En cas de prétérition d'un héritier, à moins de mauvaise foi, il suffit de payer à l'héritier omis la valeur de sa part ; en cas d'omission d'un objet, il n'y a lieu qu'à un partage supplémentaire.

Fin du Code civil Mexicain

TABLE DES MATIÈRES

CODE CIVIL MEXICAIN

LIVRE DEUXIÈME

LIVRE QUATRIÈME

Paris. — Imp. V. Giard & E. Brière, 16, rue Soufflot.

RED. :

19

MIRE ISO N° 1

NF Z 43-007

AFNOR

Cedex 7 - 92080 PARIS-LA-DÉFENSE

379 BG 70

graphicom

0 1 2 3 4 5 6 7 8 9 10